A partir de hoy
– Nueva edición –

Shinjiro Ando

Keishi Yasuda

Tatsuya Yoshino

Editorial ASAHI

PAÍSES
HISPANOHABLANTES

ISLAS CANARIAS

- Lanzarote
- La Palma
- Tenerife
- Sta.Cruz de Tenerife
- Gomera
- Teide
- Fuerteventura
- Las Palmas de Gran Canaria
- Hierro
- Gran Canaria

ESPAÑA

Mar Cantábrico

FRANCIA

ANDORRA

La Coruña
Gijón
Santander
Guernica
San Sebastián
Santiago de Compostela
Oviedo
Bilbao
Lugo
ASTURIAS
CANTABRIA
PAÍS VASCO
Pamplona
C.Finisterre
GALICIA
Vitoria
NAVARRA
Jaca
Figueras
Pontevedra
León
Logroño
Huesca
Gerona
Vigo
Orense
Burgos
LA RIOJA
Costa Brava
Astorga
Palencia
Zaragoza
CATALUÑA
Miño
CASTILLA-LEÓN
Soria
Lérida
Barcelona
Zamora
Duero
Ebro
Oporto
Valladolid
Tarragona
Douro
Medina del Campo
ARAGÓN
Salamanca
Segovia
Tortosa
Menorca
Ávila
Guadalajara
Teruel
Mallorca
Coimbra
MADRID
Alcalá de Henares
Castellón de la Plana
Palma
PORTUGAL
MADRID
Cuenca
Ibiza
ISLAS BALEARES
Talavera de la Reina
Aranjuez
VALENCIA
Tejo
Toledo
Valencia
Formentera
Tajo
CASTILLA-LA MANCHA
Júcar
C.da Roca
Cáceres
EXTREMADURA
Alcázar de San Juan
LISBOA
Mérida
Ciudad Real
Albacete
Guadiana
Segura
Alicante
Évora
Elche
Costa Blanca
Murcia
Córdoba
MURCIA
Mar Mediterráneo
Guadalquivir
Jaén
Huelva
ANDALUCÍA
Cartagena
Sevilla
Granada
Málaga
Mulhacén
Almería
Cádiz
Costa del Sol
Océano Atlántico
Algeciras
Gibraltar
ARGELIA
Estrecho de Gibraltar
Ceuta
Melilla
MARRUECOS

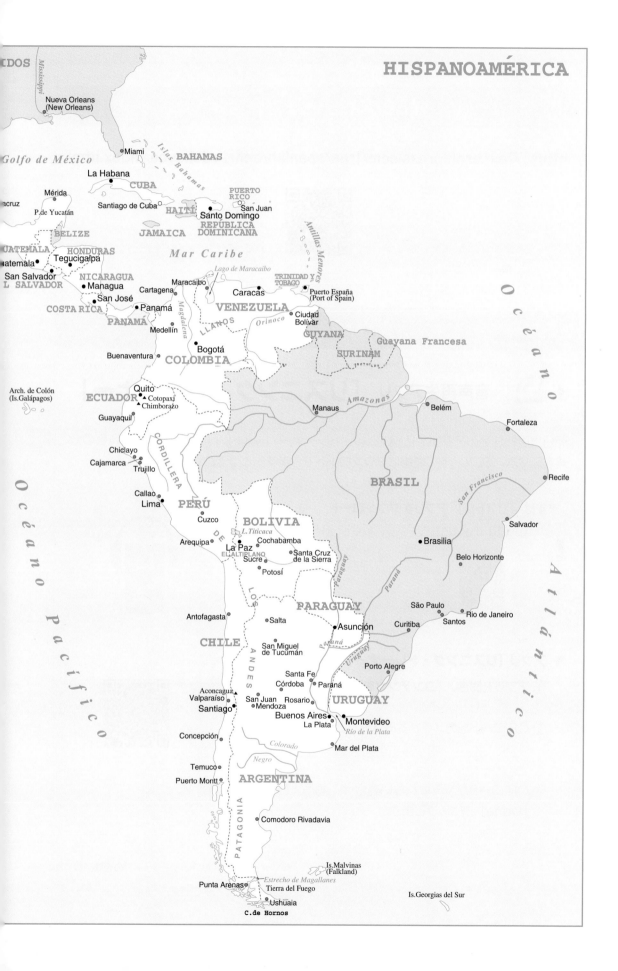

HISPANOAMÉRICA

DOS

Mississippi

Nueva Orleans
(New Orleans)

Golfo de México

Miami

BAHAMAS

Islas Bahamas

La Habana

CUBA

Mérida

cruz

P. de Yucatán

Santiago de Cuba

HAITÍ

PUERTO
RICO

San Juan

Santo Domingo

REPÚBLICA
DOMINICANA

BELIZE

JAMAICA

Mar Caribe

UATEMALA

HONDURAS

atemala

Tegucigalpa

San Salvador

NICARAGUA

L SALVADOR

Managua

Maracaibo

Cartagena

Lago de Maracaibo

TRINIDAD Y
TOBAGO

Antillas Menores

COSTA RICA

San José

Panamá

Caracas

Puerto España
(Port of Spain)

PANAMÁ

VENEZUELA

LLANOS

Orinoco

Ciudad
Bolívar

GUYANA

Medellín

Magdalena

Buenaventura

Bogotá

COLOMBIA

SURINAM

Guayana Francesa

Arch. de Colón
(Is. Galápagos)

ECUADOR

Quito

Cotopaxi
Chimborazo

Amazonas

Manaus

Belém

Guayaquil

Fortaleza

Chiclayo

Cajamarca

Trujillo

CORDILLERA

San Francisco

Recife

Callao

Lima

PERÚ

BRASIL

Cuzco

BOLIVIA

L. Titicaca

Salvador

Arequipa

La Paz

Cochabamba

DE

ELALTIPLANO

Sucre

Santa Cruz
de la Sierra

Brasilia

Belo Horizonte

Potosí

LOS

Paraguay

Paraná

Antofagasta

Salta

PARAGUAY

São Paulo

Rio de Janeiro

Asunción

Curitiba

Santos

CHILE

San Miguel
de Tucumán

Paraná

ANDES

Santa Fe

Porto Alegre

Córdoba

Paraná

Uruguay

Aconcagua

Valparaíso

San Juan

Rosario

URUGUAY

Santiago

Mendoza

Buenos Aires

Montevideo

La Plata

Río de la Plata

Concepción

Colorado

Mar del Plata

Negro

Temuco

Puerto Montt

ARGENTINA

PATAGONIA

Comodoro Rivadavia

Is. Malvinas
(Falkland)

Estrecho de Magallanes

Punta Arenas

Tierra del Fuego

Is. Georgias del Sur

Ushuaia

C. de Hornos

Océano

Océano Pacífico

Océano Atlántico

WEBストリーミング音声

https://text.asahipress.com/free/spanish/apartirdehoyne/index.html

ダウンロード音声

 音声再生アプリ 「リスニング・トレーナー」

朝日出版社開発のアプリ、「リスニング・トレーナー（リストレ）」を使えば、教科書の音声をスマホ、タブレットに簡単にダウンロードできます。どうぞご活用ください。

まずは「リストレ」アプリをダウンロード

≫ App Store はこちら   ≫ Google Play はこちら

▼ アプリ【リスニング・トレーナー】の使い方

① アプリを開き、「コンテンツを追加」をタップ

② QR コードをカメラで読み込む

③ QR コードが読み取れない場合は、画面上部に 55154 を入力し
　「Done」をタップします

前書き

　本書『A partir de hoy ―今日からわたしは、スペイン語―』は大学などで初修外国語としてスペイン語を学ぶ人のために作成された教科書です。

　各課は会話（Conversación）、応用練習（Práctica）、文法（Gramática）、練習問題（Ejercicios）の4ページから構成されています。

　会話のストーリーは京都で学ぶミサキ、リョウタの2人の大学生と、スペイン人のサンティアゴとメキシコ人であるルイサ2人の留学生との学校生活における会話で展開されています。11課以降はそれぞれスペイン、メキシコに場面が変わり、ミサキ、リョウタは様々な異文化を体験します。

　なお会話はできるだけ各課で学ぶ文法やフレーズで構成しています。会話の下部にはコラムがあり、スペイン語圏の豆知識も学べます。

　応用練習では会話に山てくる短いフレーズに新しい語彙・表現を覚えて様々な表現を聞いたり、言えたりできるようになっています。"話してみよう！"というコーナーではペアワークを実施して簡単なコミュニケーション演習ができる仕組みです。

　文法は重要項目を簡潔に記載し、文法基礎が分かりやすく理解できるような作りにしました。またミニ練習問題を設けて学んだ文法内容が身についているかどうかすぐに復習できる仕組みにもなっています。

　練習問題では実際に学んだ文法を使いながら様々な問題を解き、最後に作文にチャレンジします。

　巻末には各課の文法トピックに合わせた補充問題が用意されており、聞き取りと作文などを導入しました。さらに教科書に出てくる形容詞、副詞、動詞一覧を作成しました。動詞に関しては特に初級学習者の負担軽減を目的に、直説法現在から接続法現在までの活用表も添付しました。

　また、ボキャブラリーに関しては、ヨーロッパ言語共通参照枠（CEFR）のA1、A2レベルにも準拠しています。

　本書を上梓するにあたり、朝日出版社の山田敏之さんには教科書の企画から完成に至るまで辛抱強く著者にお付き合いくださり、また素晴らしい助言を頂きましたこと、この場をお借りして感謝申し上げます。

2019年　盛夏

著者一同

改訂にあたり

　改訂にあたり、練習問題を作り替え、また学習の効率性をより重視するため、比較級の項目を前に移動させました。引き続きこのテキストが皆様にとってより有益となる事を願います。

2023年　盛夏

著者一同

目次 Índice

主な
登場人物

Misaki

東京出身、京都在住の女子大学生。ラテンアメリカに興味がある。メキシコに行くことを目標にスペイン語を勉強中。

Ryota

京都在住の男子大学生。スペインに興味があり、とりわけサッカーが好きである。

Luisa

メキシコ、プエブラからやってきた女子留学生。日本の文化に心酔している。

Santiago

スペイン、カタルーニャから来た男子留学生。日本仏教に大きな興味を持っている。

Introducción

1 アルファベット (alfabeto) ♪ 2

A	a	(a)	Ñ	ñ	(eñe)
B	b	(be)	O	o	(o)
C	c	(ce)	P	p	(pe)
D	d	(de)	Q	q	(cu)
E	e	(e)	R	r	(ere)
F	f	(efe)		rr	(erre)
G	g	(ge)	S	s	(ese)
H	h	(hache)	T	t	(te)
I	i	(i)	U	u	(u)
J	j	(jota)	V	v	(uve)
K	k	(ka)	W	w	(uve doble)
L	l	(ele)	X	x	(equis)
M	m	(eme)	Y	y	(ye / 又は i griega)
N	n	(ene)	Z	z	(zeta)

2 挨拶表現 ♪ 3

¡Hola!	やあ。
¿Qué tal? ¿Cómo estás?	元気ですか？
Muy bien.	元気です。
Buenos días.	おはようございます。
Buenas tardes.	こんにちは。
Buenas noches.	こんばんは。おやすみなさい。
Encantado(a).	はじめまして。
Mucho gusto.	はじめまして。
Gracias.	ありがとう。
Muchas gracias.	どうもありがとう。
De nada.	どういたしまして。
Adiós.	さようなら。
Hasta luego.	また後で（またね）。

★数詞 0-10 ♪ 4

0 cero	1 uno	2 dos	3 tres	4 cuatro	5 cinco
	6 seis	7 siete	8 ocho	9 nueve	10 diez

Lección 1

¡Hola! ¡Buenos días!

リョウタはルイサと大学構内で会い、挨拶を交わします。

🎵5 **Conversación 1** "En la universidad"

Ryota: ¡Hola! ¡Buenos días!

Luisa: Buenos días. ¿Qué tal?

Ryota: Muy bien, gracias. ¿Y tú?

Luisa: Bien, gracias.

Ryota: Adiós.

Luisa: Hasta luego.

コラム "世界で広がるスペイン語"

　スペイン語の話者は世界で4億人を超えます。スペイン、アフリカの一部そしてラテンアメリカを含めて公用語として合計で21か国にも及びます。同じスペイン語圏でも国によって文化が大きく異なり、各国で違った文化を経験できる点が、スペイン語を学ぶ醍醐味の一つといえるでしょう。

Práctica ①

◆ 暗記すべきフレーズ ♪ 6

太字部分を、下の「語彙・表現」と入れかえて、言ってみましょう。

> ☐ ¡Hola! **¡Buenos días!**
> ☐ **¿Qué tal?**
> ☐ Muy bien, gracias. ¿Y tú?
> ☐ **Adiós.**

◆ 暗記すべき語彙・表現

挨拶に関する表現

Buenas tardes.　　　Buenas noches.

体調を尋ねる表現

¿Cómo estás?　　　¿Qué hay?

別れの表現

Hasta luego.　　　Hasta pronto.

🗣 答えてみよう！

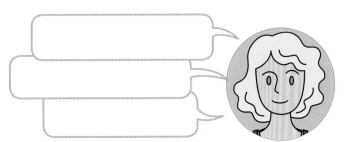

① ¡Hola! ¡Buenos días! —

② ¿Qué tal? —

③ Adiós, hasta luego. —

※このやりとりを自分のことに当てはめて、となりの人と練習してみよう。

🗣↔🗣 話してみよう！

ここまでのフレーズを使って、ペアで会話練習をしてみましょう。

Practica las frases que has aprendido hasta ahora con tu compañero(a).

♪7 1 母音 Vocales

（a e i o u） ※a, e, oは強母音、i, uは弱母音と呼ぶ。

a: amor **e: E**spaña **i: i**dea **o: b**o**ca** **u: u**va

二重母音 ※ai, ei, oi, ia, ie, io, au, eu, ou, ua,ue, uo, iu, uiの組み合わせ。

b**ai**le, lluv**ia**, d**ie**nte, **eu**ro, ag**ua**

★強母音どうし (a, e, o) の組み合わせはない。二重母音にせずに一つの母音として発音。

♪8 2 子音 Consonantes

b, v:		banco	銀行	vaca	牝牛
c:	(ca, co, cu)	coche	車	curso	コース
	(ce, ci)【th(θ)音、s音あり】	cerveza	ビール	cine	映画
ch:		chico	男の子	chocolate	チョコレート
d:		dinero	お金	dulce	お菓子
	(語末がdの場合は無音)	usted	あなた	ciudad	都市
f:		familia	家族	foto	写真
g:	(ga, go gu)	garganta	喉	guapo	かっこいい
	(ヘ、ヒ) (ge, gi)	gente	人	gimnasio	ジム
	(ゲ、ギ) (gue, gui)	guerra	戦争	guitarra	ギター
	(グエ、グイ) (güe, güi)	bilingüe	バイリンガル	pingüino	ペンギン
h:	(無音)	hambre	空腹	hora	時間
j:	(喉を濁らせてハ行)	Japón	日本	trabajo	仕事
l:		lápiz	鉛筆	luna	月
ll:	(ジャ行)	paella	パエリア	calle	通り
m:		mapa	地図	amigo	友達
n:		naranja	オレンジ	novela	小説
ñ:	(ニャ行)	España	スペイン	niño	男の子
p:		papá	お父さん	puerta	ドア
q:	(キ、ケ) (qui, que)	aquí	ここに	queso	チーズ
r:		cara	顔	pero	しかし
	(語頭がrなら巻き舌)	radio	ラジオ	ropa	衣服
s:		sala	居間	sol	太陽
t:	(ta, te, to)	tarea	宿題	televisión	テレビ
	(ティ、トゥ) (ti, tu)	tiempo	時間、天気	tú	君
x:	(x＋母音)	examen	試験	taxi	タクシー
	(x＋子音)	texto	教科書	extranjero	外国
	(例外 (ヒ))	México	メキシコ	mexicano	メキシコ人
y:	(ジャ行)	ya	すでに	yo	私
	(語末がyの場合は"イ")	hoy	今日	muy	とても
z:	(サ行)【th(θ)音、s音あり】	zapato	靴	zumo	ジュース

二重子音　※pl, pr, fl, fr, gl, gr, bl, br, cl, cr, tr, drの組み合わせ。**1つの子音と考える。**

programa，　**fl**or，　**bl**anco，　**cl**ima，　**cr**ema

3 音節の分け方　Sílabeo

① 2つの母音の間に1つの子音があれば、その子音は後ろの音節につける。

ca-sa　　　li-bro　　　vi-no　　　mo-to

② 2つの母音の間に2つの子音があれば、前後の音節に1つずつつける。

Es-pa-ña　　　miem-bro　　　de-por-te

③ 2つの母音の間に3つの子音があれば、前の音節に2つ、後ろの音節に1つ子音をつける。

ins-tru-men-to　　　mons-truo　　　obs-tá-cu-lo

4 アクセントの規則　Normas de acentuación

① 語末が母音かs, nで終わっている場合は、後ろから2つ目の音節にアクセントが置かれる。

$\boxed{ca}$-sa　　tra-$\boxed{ba}$-jo　　$\boxed{mar}$-tes　　$\boxed{jo}$-ven

② 語末がs, n以外の子音の場合は、一番後ろの音節にアクセントが置かれる。

ter-mi-$\boxed{nal}$　　re-$\boxed{loj}$　　u-ni-ver-si-$\boxed{dad}$　　a-$\boxed{rroz}$

③ 上記①、②の規則に当てはまらない場合は、アクセント符号が入る。

es-ta-$\boxed{ción}$　　$\boxed{ár}$-bol　　sa-$\boxed{lón}$　　$\boxed{mé}$-di-co　　se-$\boxed{má}$-fo-ro

1. 次の単語を音節に分けて、強く読む音節を四角で囲みなさい。そして発音しなさい。

ej) $\boxed{ban}$-co

①	paella	⑤	ciudad
②	autobús	⑥	explicación
③	hospital	⑦	literatura
④	quince	⑧	geografía

⑨ hombre

⑩ mujer

⑪ lunes

⑫ examen

Lección 1 ¡Hola! ¡Buenos días!

Lección 2

Una paella y una botella de agua, por favor.

リョウタとミサキはスペイン料理のレストランに行き、注文をします。

🎵12 **Conversación 2** "En el restaurante español"

Camarero:	¡Buenas tardes!
Ryota y Misaki:	Buenas tardes.
Camarero:	¿Cuántas personas?
Misaki:	Dos personas.

Ryota:	Oiga.
Camarero:	Sí, señor.
Ryota:	Una paella y una botella de agua, por favor.
Misaki:	Una paella y un zumo de naranja, por favor.
Camarero:	Sí, enseguida. ¿Algo más?
Ryota y Misaki:	No, es todo.

コラム 　　　　　　　スペインのバル（bar）

　最近日本でもスペインバルと呼ばれる居酒屋が流行っていますが、スペインのバルは少々異なります。カフェと居酒屋を合わせたようなお店で、朝からトーストやコーヒーを頼むこともできます。スペインで出されるジュースは直接果物から絞ったフレッシュジュースである場合が多く、新鮮で美味しいです。スペイン人がお酒を飲むときは、1軒当たりの滞在時間は30分程度と短いですが、その代わりたくさんのお店を夜遅くまではしごするのが普通です。

Práctica 2

◆ 暗記すべきフレーズ ♪13

太字の部分を、下の「語彙・表現」と入れかえて、言ってみましょう。

> ☐ **Dos** personas.
> ☐ **Una paella**, por favor.

◆ 暗記すべき語彙・表現

数字に関する語彙

1 uno, 2 dos, 3 tres, 4 cuatro, 5 cinco, 6 seis, 7 siete, 8 ocho, 9 nueve, 10 diez

食べ物・飲み物に関する語彙

〈食べ物〉 pan, arroz, queso, jamón, sopa, ensalada, tostada, bocadillo, paella, tortilla

〈食べ物・飲み物の数え方〉 un(a) 1つ（杯）の　un vaso de コップ一杯の

　　　　　　　　　　　　　una copa de カップ一杯の　una botella de ボトル1本の

〈飲み物〉 café, agua, zumo de naranja, té, cerveza, vino

〈その他のボキャブラリー〉 la carta, la cuenta

♥ 答えてみよう！

① ¿Cuántas personas?　—

② ¿Algo más?　—

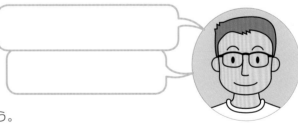

※このやりとりをとなりの人と練習してみよう。

🎨↔♥ 話してみよう！

ペアで11ケタの電話番号を言い合い、書き取りましょう。

Piensa un número de 11 cifras y díselo a tu compañero(a), para que lo escriba.

Gramática 2

14 1 名詞 Sustantivo

1-1) 名詞の性 Género de los sustantivos

名詞はすべて男性名詞、女性名詞に分類される。

① 自然の性と男性・女性名詞の区別は一致する。-ante, -ista は男女同形。

男性名詞：padre　　amigo　　toro　　estudiante　　turista

女性名詞：madre　　amiga　　vaca　　estudiante　　turista

② -o で終わるものは男性名詞、-a で終わるものは女性名詞である場合が多い。

男性名詞：libro　　dinero　　zumo　　metro　　vino

女性名詞：casa　　paella　　mesa　　tarea　　uva

③ -ción, -sión, -dad, -tad で終わる名詞は例外なく女性名詞である。

estación　　televisión　　universidad　　libertad

④ 例外的な名詞があるので注意する。

男性名詞：día mapa problema など　　　女性名詞：foto mano radio など

 次の名詞の性別を調べなさい。
① aeropuerto　　② hoja　　③ ciudad

1-2) 名詞の数（単数形→複数形） Número de los sustantivos

① 母音で終わる名詞は -s をつける。

padre → padre**s**　　libro → libro**s**　　mesa → mesa**s**

② 子音で終わる名詞は -es をつける。

animal → animal**es**　　ordenador → ordenador**es**

※複数形にするとアクセント符号が変化する事があるので注意。estación → estacion**es**

※ -z で終わる名詞は -z を -c に変えて es をつける。　vez → ve**ces**　　lápiz → lápi**ces**

 次の名詞を複数形にしなさい。
① mano　　② examen　　③ pez

15 2 冠詞 Artículo

2-1) 定冠詞 Artículo determinado （その、それらの）特定の名詞を指す時。

名詞	単数	複数
男性	el	los
女性	la	las

el libro　　los libros
la mesa　　las mesas

2-2) 不定冠詞 Artículo indeterminado （いくつかの、何人かの　など）特定の名詞を指さない時。

名詞	単数	複数
男性	un	unos
女性	una	unas

un libro　　　unos libros
una mesa　　unas mesas

ミニ練習問題3　冠詞を使いながら、次の日本語をスペイン語で表しなさい。
① 何人かの男友達　　② 一輪の花 (flor)　　③ その大学

16

1. 次の名詞に定冠詞を付けなさい。

① ＿＿＿＿＿＿＿＿ hotel

② ＿＿＿＿＿＿＿＿ hija

③ ＿＿＿＿＿＿＿＿ padres

④ ＿＿＿＿＿＿＿＿ manos

⑤ ＿＿＿＿＿＿＿＿ naranjas

⑥ ＿＿＿＿＿＿＿＿ ciudad

2. 次の名詞に不定冠詞を付けなさい。

① ＿＿＿＿＿＿＿＿ amigas

② ＿＿＿＿＿＿＿＿ universidad

③ ＿＿＿＿＿＿＿＿ diccionario

④ ＿＿＿＿＿＿＿＿ mapa

⑤ ＿＿＿＿＿＿＿＿ niña

⑥ ＿＿＿＿＿＿＿＿ hombres

3. スペイン語にしなさい。

① 2杯のコーヒー (café) ＿＿＿＿＿＿＿＿＿＿＿＿＿＿＿＿

② 1人の男性 ＿＿＿＿＿＿＿＿＿＿＿＿＿＿＿＿

③ 1人の女性 ＿＿＿＿＿＿＿＿＿＿＿＿＿＿＿＿

④ 3人の学生たち ＿＿＿＿＿＿＿＿＿＿＿＿＿＿＿＿

⑤ 4回 ＿＿＿＿＿＿＿＿＿＿＿＿＿＿＿＿

⑥ 8台のバイク (moto) ＿＿＿＿＿＿＿＿＿＿＿＿＿＿＿＿

Lección 2

Una paella y una botella de agua, por favor.

★数詞 11-20

11 once	12 doce	13 trece	14 catorce	15 quince
16 dieciséis	17 diecisiete	18 dieciocho	19 diecinueve	20 veinte

Lección 3

Soy japonesa, de Tokio.

ミサキ、リョウタ、ルイサ、サンティアゴが留学生歓迎会でお互いを自己紹介します。

♪17 **Conversación 3** "En la fiesta de bienvenida"

Misaki:	Soy Misaki. Soy japonesa, de Tokio. Encantada.
Ryota:	Soy Ryota, de Kioto. Encantado.
Santiago:	Soy Santiago. Mucho gusto.
Luisa:	Soy Luisa. Mucho gusto.
Misaki:	¿De dónde sois?
Santiago:	Soy de España.
Luisa:	Soy de México.
Santiago:	Misaki y Ryota, ¿sois estudiantes?
Ryota y Misaki:	Sí, somos estudiantes.

コラム トルティージャ

　皆さんはトルティージャ (tortilla) をご存知でしょうか？　同じトルティージャでも、スペインとメキシコでは全く違うものを指します。スペインでは薄く切ったジャガイモが中に入ったオムレツを指します。家庭でよく作られる定番料理で、バルでも食べることができます。一方メキシコのトルティージャは、小麦粉やトウモロコシの粉で作られた薄い生地を指します。日本でもなじみのあるタコスの具を包む薄いパンの事です。メキシコではこれが主食とされ、様々な料理と一緒に出されます。

Práctica 3

◆ 暗記すべきフレーズ ♪18

太字部分を、下の「語彙・表現」と入れかえて、言ってみましょう。

> □ **Soy Misaki. Soy japonesa, de** Tokio.
> □ ¿De dónde eres?
> □ Soy de **Japón**.
> □ Soy **estudiante**.

◆ 暗記すべき語彙・表現

自身の名前、国籍、出身地に当てはめてみましょう。

例）Soy **Ryota**. Soy **japonés**, de **Kioto**.

〈国籍〉español, española, japonés, japonesa, mexicano(a), colombiano(a),
　　　　francés, francesa

※その他の国籍の語彙はp.95を参照。

〈国〉España, Japón, México, Inglaterra, Francia, Alemania, China, Estados Unidos

〈職業〉estudiante, profesor, profesora, médico(a), funcionario(a), artista

🐢 答えてみよう！

❶ Soy Ryota, mucho gusto. —

❷ ¿De dónde eres? —

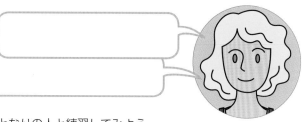

※このやりとりを自分のことに当てはめて、となりの人と練習してみよう。

👄↔🐢 話してみよう！

ペアで自己紹介をしてみましょう。

Preséntate a tu compañero(a).

19-1 主語人称代名詞　Pronombres personales de sujeto

	単数	複数
1人称	yo	nosotros / nosotras
2人称	tú	vosotros / vosotras
3人称	él / ella / usted	ellos / ellas / ustedes

★ustedはUd., Vd.に、またustedesはUds., Vds.と略されることもある。

19-2 動詞 ser　El verbo SER

2-1）活用

yo	**soy**	nosotros / nosotras	**somos**
tú	**eres**	vosotros / vosotras	**sois**
él / ella / usted	**es**	ellos / ellas / ustedes	**son**

2-2）用法

① ser ＋名詞で名前・身分・職業・国籍を表す。［名詞の前に冠詞は付けない］

Soy Misaki. / Somos estudiantes. / ¿Ella es profesora? / ¿Eres español?

② ser ＋形容詞で**永続的な性質や特徴**を表す。［性格、物の性質など］

Eres amable. / Tokio es grande.

③ ser de ＋名詞で出身、所有や材料を表す。

Somos de México. / El libro es de María. / La ropa es de algodón.

★動詞活用で主語が識別できる場合（主に1人称，2人称）、主語人称代名詞は省略される場合が多い。

 次の主語に合わせてserの活用を答えなさい。
① vosotras　② José y María　③ tú y yo

19-3 形容詞　Adjetivos　形容詞は多くの場合、名詞の後ろにつける。（形容詞の語彙はp.94参照）

① 男性単数形の語尾が -o の形容詞：性数変化あり

男性単数形	男性複数形	女性単数形	女性複数形
libro **blanco**	libros **blancos**	mesa **blanca**	mesas **blancas**

② 男性単数形の語尾が -o 以外の母音、あるいは子音の形容詞：数の変化のみ

男性単数形	男性複数形	女性単数形	女性複数形
libro **verde**	libros **verdes**	mesa **verde**	mesas **verdes**
ejercicio **difícil**	ejercicios **difíciles**	pregunta **difícil**	preguntas **difíciles**

③ 国・地名の形容詞：性数変化があるものが多い。

男性単数形（言語）	男性複数形	女性単数形	女性複数形
chico **español**	chicos **españoles**	chica **española**	chicas **españolas**

★国の形容詞、男性単数形は言語の意味で使える。español（スペイン語）、inglés（英語）、japonés（日本語）、alemán（ドイツ語）、francés（フランス語）、portugués（ポルトガル語）など

1. [　　] に適切な ser の活用を入れなさい。また全文を和訳しなさい。

   ① ¿De dónde [　　　　　　　] tú?

   ② Misaki y Ryota [　　　　　] estudiantes.

   ③ Yo [　　　　　　] española.

   ④ Nosotros [　　　　　　] alegres.

   ⑤ La casa [　　　　　　] de madera.

2. 形容詞を名詞に合わせて適切な語尾に変化させなさい。変化させる必要のないものもあります。

   ① los libros **interesante**_____

   ② las mesas **caro**_____

   ③ la comida **bueno**_____

   ④ unos problemas **fácil**_____

   ⑤ un amigo **amable**_____

3. スペイン語にしなさい。

   ① 私たちは日本人です。

   ② 君たちは陽気です。

   ③ その試験は難しい。

   ④ あなたたちはどこの出身ですか？

   ⑤ 君は学生ですか？

★感嘆文

> 感嘆詞（qué がよく使われる）を使い、感嘆符 (¡!) を付ける。
> qué の後には名詞・形容詞・副詞が使える。
> ¡Qué comida tan（又は más）rica! / ¡Qué hermosa chica! / ¡Qué bien!

¿Dónde está el edificio A?

Lección 4

大学の中庭でリョウタとサンティアゴがいくつかの場所について会話しています。

🎵20 **Conversación 4** "En el patio de la universidad"

Santiago:	¿Dónde está el edificio A?
Ryota:	Está al lado del edificio B.
Santiago:	¿Hay una cafetería por aquí?
Ryota:	Sí, hay una dentro del edificio B.
Santiago:	Muchas gracias. Otra pregunta, ¿dónde está el templo Kinkaku-ji?
Ryota:	Está en el norte de la ciudad.
Santiago:	De acuerdo. ¡Qué amable eres! Muchas gracias.
Ryota:	De nada.

コラム **スペイン＝フラメンコと闘牛の国？**

　スペインという国を考えたとき、フラメンコ (flamenco) や闘牛 (corrida de toros) を思い出す人も多いことでしょう。フラメンコは主にスペイン南部、アンダルシア地方で盛んに踊られています。それ以外の地域はアンダルシアほど盛んに踊られてはいません。闘牛も最近スペイン国内全体で高まりつつある動物愛護の観点から行われていない地域もあります。一口にスペインといっても地域によって事情が大きく異なります。

Práctica 4

◆ 暗記すべきフレーズ 🎵21

太字部分を、下の「語彙・表現」と入れかえて、言ってみましょう。

- ☐ ¿Dónde está **el edificio A**?
- ☐ ¿Hay **una cafetería** por aquí?
- ☐ Está **cerca de** la estación.

◆ 暗記すべき語彙・表現

【場所に関する語彙】

casa, estación, aeropuerto, banco, hospital, cafetería, restaurante, universidad, servicio

【位置に関する表現】

en, al lado de, lejos de, en el centro de,
dentro de / fuera de, a la izquierda de / a la derecha de

【方角に関する語彙】

este, oeste, sur, norte　※La Universidad está **en el sur de** la ciudad.

💬 答えてみよう！

❶　¿Dónde está el edificio A? —

❷　¿Hay una cafetería por aquí? —

※このやりとりをとなりの人と練習してみよう。

💬↔💬 話してみよう！

ペアで、教室にあるものを見ながら質問して答えましょう。

Fíjate en las cosas que hay en el aula y pregunta a tu compañero(a) dónde están.

Gramática 4

22-1 動詞 estar　Verbo ESTAR

1-1) 活用

yo	**estoy**	nosotros / nosotras	**estamos**
tú	**estás**	vosotros / vosotras	**estáis**
él / ella / usted	**está**	ellos / ellas / ustedes	**están**

1-2) 用法

① estar +副詞・形容詞で<u>一時的な状態</u>を表す。形容詞は主語の性・数と一致させる。→3課

　¿Cómo estás? / Estoy cansada. / Ellas están alegres.

② estar +場所を表す副詞・副詞句で<u>特定</u>の人や物の所在を表すときに使う。

　Estoy en casa. / La estación está allí. / El libro está en la mesa.

22-2 ser と estar の違い　Verbo SER y ESTAR

ser +形容詞で<u>永続的な性質や特徴</u>。→3課　　Yo soy alegre.　　私は陽気な性格だ。

estar +形容詞で<u>一時的な状態</u>。　　　　　　Yo estoy alegre.　　私は今うれしい。

次のスペイン語の和訳を考えなさい。

① María es nerviosa.　　② Ahora María está nerviosa.

③ José es serio.　　④ Hoy José está serio.

22-3 動詞 hay（estar と hay の違い）　Verbo HAY

hay は<u>不特定</u>の人や物の存在に使う。estar は<u>特定</u>の人や物の所在に使う。

Hay unos chicos en la clase. / ¿Hay una estación por aquí?

Los chicos están en la clase. / ¿La estación está por aquí?

estar か hay、どちらを使うのか考えなさい。

① los hombres　② unos diccionarios

22-4 疑問文と否定文　Oración interrogativa y negativa

4-1) 疑問文：「¿主語+動詞〜?」又は「¿動詞+主語〜?」のどちらでも良い。

　　¿Santiago es español? / ¿Están ustedes en la universidad?

4-2) 否定文：動詞の前に no を置く。　Nosotras **no** estamos cansadas.

22-5 国名　Países

España　Alemania　Francia　Inglaterra　Japón　Estados Unidos　México

Somos de Japón. / Pilar es de Colombia. / Ahora ellos están en España.

24

1. [　　] に適切な estar の活用を入れなさい。また全文を和訳しなさい。

① Luisa [　　　　　　　　　] contenta.

② ¿Tú [　　　　　　　] en casa?

③ Nosotros [　　　　　　　] cansados.

④ Ellos [　　　　　　] alegres.

⑤ ¿Dónde [　　　　　　　] el edificio A?

2. 次の [　　] に ser, estar の活用か hay を入れなさい。

① ¿José y Manuel [　　　　　　] españoles?

② Aquí [　　　　　　] unos perros.

③ ¿Ustedes [　　　　　] tristes?

④ ¿Qué [　　　　　] en la nevera?

⑤ Nosotros [　　　　　　] médicos.

3. スペイン語にしなさい。

① 君たちは大学にいるのですか？

② この近くに喫茶店 (una cafetería) があります。

③ 彼女は疲れていません。

④ 京都にはたくさんの寺 (templos) があります。

⑤ 彼女はまじめな性格です。

★数詞 21-100

21 veintiuno	22 veintidós	23 veintitrés	24 veinticuatro	25 veinticinco
26 veintiséis	27 veintisiete	28 veintiocho	29 veintinueve	30 treinta
31 treinta y uno	32 treinta y dos	33 treinta y tres	40 cuarenta	50 cincuenta
60 sesenta	70 setenta	80 ochenta	90 noventa	100 cien

¿Dónde comes siempre?

ミサキとルイサが食堂で昼食をとりながら会話しています。

🎵 24 **Conversación 5** "En la cafetería de la universidad"

Luisa:	¿Qué es esto?
Misaki:	Esto es *tofu*.
Luisa:	Ah, es delicioso.
Misaki:	¿Dónde comes siempre?
Luisa:	Como aquí, en la cafetería de la universidad. ¿Y tú?
Misaki:	A veces como en casa.
Luisa:	¿Vives sola?
Misaki:	Sí, vivo sola en un piso.
	Luisa, ¿qué estudias en la universidad?
Luisa:	Estudio la historia y la cultura de Japón.

コラム スペインの食事時間

　スペインでは6時〜7時くらいに朝食をとり、昼食は早くて14時頃、そして夕食に至っては22時頃になります。ほとんどの日本人はこの異なった食事時間に慣れずに苦労します。昼食が3食で一番大切な食事で、会社で働く人も一旦家に帰り、家族みんなでしっかりと食事をするのが普通です。逆に夕食は軽く済ませることが多く、ドリンクと軽食のみという場合もよくあります。

Práctica ⑤

◆ 暗記すべきフレーズ ♪25

太字部分を、下の「語彙・表現」と入れかえて、言ってみましょう。

- ☐ ¿Qué es **esto**?
- ☐ ¿Qué **estudias** (en la universidad)?
- ☐ Estudio **la historia y la cultura de Japón**.

◆ 暗記すべき語彙・表現

（中性の指示代名詞）

eso, aquello

（規則活用の動詞）

aprender, comprar, tomar, beber, leer, escribir

（専門課程）

Literatura, Historia, Economía, Administración, Filosofía, Sociología, Derecho, Ciencias Políticas, Ingeniería, Estudios Internacionales, Psicología

◉ 答えてみよう！

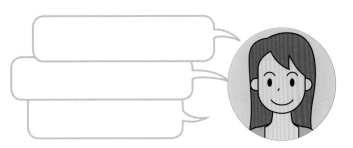

① ¿Qué es esto?　　—

② ¿Con quién vives?　　—

③ ¿Qué estudias?　　—

※このやりとりを自分のことに当てはめて、となりの人と練習してみよう。

◉↔◉ 話してみよう！

ペアになって "何" の疑問詞を使いながら質問し、もう一人が答えましょう。

Hazle una pregunta a tu compañero(a) utilizando "qué" y escucha su respuesta.

26-1 直説法現在（規則活用）　Presente de indicativo de los verbos regulares

1-1) -ar動詞

hablar

habl**o**	habl**amos**
habl**as**	habl**áis**
habl**a**	habl**an**

1-2) -er動詞

comer

com**o**	com**emos**
com**es**	com**éis**
com**e**	com**en**

1-3) -ir動詞

vivir

viv**o**	viv**imos**
viv**es**	viv**ís**
viv**e**	viv**en**

-ar動詞：bailar, cantar, comprar, escuchar, esperar, estudiar, llegar, trabajar, viajar など
-er動詞：beber, comprender, correr, creer, leer, vender など
-ir動詞：abrir, escribir, subir など

Compro unos huevos. / Estudian español. / ¿Lees la revista?
Abro las ventanas. / ¿Escribís un e-mail?

 次の動詞の直説法現在形の活用を書きなさい。
① tomar　　② aprender　　③ recibir

26-2 疑問詞　Interrogativo

疑問詞	疑問詞を使った疑問文（「¿疑問詞＋動詞＋主語〜？」の語順となる）
qué	¿Qué estudias?　¿Qué es esto?
quién（数変化あり）	¿Quién es usted?　¿Quiénes son ellos?
dónde	¿Dónde está el servicio?　¿Dónde comes siempre?
cuándo	¿Cuándo llega Alejandro?
cómo	¿Cómo estás?
cuánto（性数変化あり）	¿Cuánto es?　¿Cuántos libros hay en la mesa?

¿Con quién vives?—Vivo con ellos.　※「¿前置詞＋疑問詞＋動詞＋主語〜？」の形もあり。

26-3 指示形容詞　Adjetivos demostrativos　名詞の前に付け、名詞の性数と一致させる。

	この	これらの	その	それらの	あの	あれらの
男性	este	estos	ese	esos	aquel	aquellos
女性	esta	estas	esa	esas	aquella	aquellas

esta mujer　estos hombres　ese libro　esas frutas　aquel museo　aquellas casas

 次の日本語を、指示形容詞を使いながら表しなさい。
① あれらの本　　② この花　　③ あの大学　　④ それらの車

26-4 指示代名詞　Pronombres demostrativos　指示形容詞と全く同じ形になる。

Esta naranja es de Valencia y **esa** es de Andalucía. / **Este** es José y **esta** es María.
※中性指示代名詞は esto, eso, aquello があり、主に物の名称などを尋ねるときに使う。

¿Qué es esto? — Es *hakusai*. Es una verdura.

1. [　　]の動詞を適切な直説法現在形にしなさい。また全文を和訳しなさい。

① Él [estudiar　　　　　　] español.

② ¿Tú [comprar　　　　　　] en el supermercado?

③ ¿Vosotros [vivir　　　　　　] en Barcelona?

④ Yo [leer　　　　　] un libro.

⑤ ¿Usted [recibir　　　　　　] la revista?

2. 次の下線部に適切な指示形容詞か指示代名詞を入れなさい。また全文を和訳しなさい。

① (あれらの) ＿＿＿＿＿＿＿ edificios son altos, pero (これら) ＿＿＿＿＿＿＿

son bajos.

② (あの) ＿＿＿＿＿＿＿ mesa es cara, pero (これ) ＿＿＿＿＿＿＿ es barata.

③ (その) ＿＿＿＿＿＿＿ banco está cerca de aquí.

④ (この) ＿＿＿＿＿＿＿ libro es difícil, pero (あれ) ＿＿＿＿＿＿＿ es fácil.

⑤ ¿Qué es (あれ) ＿＿＿＿＿＿＿ ?

3. スペイン語にしなさい。

① 君はどこでスペイン語を勉強していますか？

② 私は新聞を読みます。

③ それは何ですか？

④ あなた方はコーヒー (café) を飲みますよね？

⑤ こちらの女性はマドリードに (en Madrid) 住んでいます。

★付加疑問文

文末にコンマと ¿verdad? か ¿no? をつければ付加疑問文となる。
Compras ese libro, ¿verdad? / **Vives solo, ¿no?**

Conoces bien Japón.

教室でリョウタ、ルイサとサンティアゴが窓の外を見ながら話をしています。

🎵27 **Conversación 6** "El clima de Japón"

Luisa:	Hoy llueve mucho.
Santiago:	En junio llueve mucho y hace mucho calor, ¿verdad?
Ryota:	Así es. ¿Sabes cómo es el clima de invierno?
Santiago:	En Kioto hace bastante frío.
	En el norte de Japón nieva mucho en invierno, ¿no?
Ryota:	Sí, conoces bien Japón.

コラム **スペイン語圏の人はお祝い好き**

　皆さんがもしスペイン語圏に滞在し、誕生日を迎えたのであれば、たくさんのお祝いメッセージやプレゼントを受け取るでしょう。スペイン語圏の人はお祝い事や記念日を大切にしています。友達同士でパーティーを企画し、みんなで集まってわいわいと楽しく過ごします。このように彼らの多くは日々をいかにして楽しく暮らすかということを重視しています。

Práctica 6

◆ 暗記すべきフレーズ ♪28

太字部分を、下の「語彙・表現」と入れかえて、言ってみましょう。

> ☐ ¿Sabes **cómo es el clima de invierno**?
> ☐ Conozco **Japón**.
> ☐ Hoy **hace calor**.

◆ 暗記すべき語彙・表現

【情報として知っているもの】

su dirección, mi número de teléfono, su correo electrónico, esta noticia

※有名人を情報として知っている際は、¿Sabes quién es Messi? のようになる。

【体験として知っているもの】

Madrid, Barcelona, la ciudad de México, Nueva York, Osaka, Tokio

a＋人　al profesor, a su amigo(a), a mi familia, a Manuel, a María

【天候表現】

hace buen tiempo / mal tiempo / frío / fresco / viento / sol,

llueve (llover), nieva (nevar) / Está nublado.

🎙 答えてみよう！

❶ ¿Conoces Kioto? ―

❷ ¿Sabes dónde está Madrid? ―

※このやりとりをとなりの人と練習してみよう。

🗣⇆🎙 話してみよう！

ペアで、各々の出身地や今日の天候状況などを質問し合いましょう。

Pregunta a tus compañero(a)s de dónde son y cómo está el tiempo hoy.

Gramática 6

29-1 直説法現在（1人称単数のみが不規則活用）   Los verbos irregulares, solo 1ª persona del singular

hacer	**hago**	haces	hace	hacemos	hacéis	hacen
ver	**veo**	ves	ve	vemos	veis	ven
dar	**doy**	das	da	damos	dais	dan
saber	**sé**	sabes	sabe	sabemos	sabéis	saben

poner: pongo, salir: salgo, conocer: conozco, traer: traigo, agradecer: agradezco

Hago la comida. / Pongo una silla aquí. / Salgo de casa temprano.
Conozco a Misaki. / ¿Sabes la dirección de Jorge? / Veo la televisión.

 次の表現ではconocerとsaberのどちらを使うのか考えなさい。
① （旅行経験、又は在住していて）東京を知っている。 ② ルイサを知っている。
③ 電話番号を知っている。

29-2 直接目的語につけるa   Complemento directo

直接目的語の表現（「（人）を～する」）には前置詞aを付けなければならない。
Busco **a** Miguel. / Conocemos **a** Catalina.

★ a el という語順になった際は、alと略さなければならない。 Conozco **al** profesor.

29-3 所有形容詞   Adjetivos posesivos   -oや-o以外の母音で終わる形容詞として扱う。（→3課）

前置形		後置形	
mi	nuestro	mío	nuestro
tu	vuestro	tuyo	vuestro
su	su	suyo	suyo

mi libro   un libro mío   tu casa   una casa tuya   su bolígrafo   un bolígrafo suyo
nuestro libro   unos libros nuestros   vuestra casa   unas casas vuestras

 次の日本語を所有形容詞前置形を使いながら表しなさい。
① 君たちの大学   ② 彼らの母   ③ 私の友人 (amigos)   ④ あなたの家 (casas)

29-4 前置詞   Preposiciones

a	¿Conoces a su madre?
en	¿Estás en la universidad?
de	¿Sabéis la dirección de María?
para	Ella estudia espanõl para viajar por España.
desde	Hacemos la comida desde las nueve.
hasta	¿Trabajas hasta muy tarde?

★ de el という語順になった際は del と略さなければならない。 Yo sé el nombre **del** profesor.

32

1. [　　]の動詞を適切な直説法現在形にしなさい。また全文を和訳しなさい。

① Yo [poner　　　　　　　] las gafas aquí.

②¿Vosotros [ver　　　　　　　　] a Manuel?

③ Nosotros [hacer　　　　　　　　] deporte.

④ Yo no [saber　　　　　　　] la dirección de ella.

⑤ Ellos [dar　　　　　　　] un paseo por el parque.

2. 次の下線部に指示通りの所有形容詞を入れなさい。

<table>
<tr><td></td><td></td><td>（前置形）</td><td></td><td>（後置形）</td></tr>
<tr><td>①</td><td>（私の）</td><td>_____ casa</td><td>una casa</td><td>_____</td></tr>
<tr><td>②</td><td>（君たちの）</td><td>_____ coche</td><td>un coche</td><td>_____</td></tr>
<tr><td>③</td><td>（あなたの）</td><td>_____ libros</td><td>unos libros</td><td>_____</td></tr>
<tr><td>④</td><td>（私たちの）</td><td>_____ niñas</td><td>las niñas</td><td>_____</td></tr>
<tr><td>⑤</td><td>（彼女の）</td><td>_____ silla</td><td>la silla</td><td>_____</td></tr>
</table>

3. スペイン語にしなさい。

① 私は毎朝 (todas las mañanas) 朝食を作ります。

② あなたは私たちの先生 (profesora) を知っていますか？

③ 今日、東京は (en Tokio) とても暑い。

④ 我々はリョウタを探しています。

⑤ 君たちは彼らの番組 (programa) を見るのですか？

★天候表現

> 天候表現に使う動詞は常に3人称単数の活用を使う。
> Hoy hace calor. / Ahora hace frío. / Hace fresco. / Hoy llueve bastante. (llover)
> Este año no nieva mucho. (nevar)

Lección **6** Conoces bien Japón.

Lección 7
Tenemos que estudiar mucho.

図書館でミサキ、サンティアゴ、ルイサが近々行われる試験について話し合っています。

♪30 **Conversación 7** "En la biblioteca"

Misaki: Pronto tenemos exámenes, ¿no?

Santiago: Es verdad. Tenemos que estudiar mucho. ¡Qué duro!

Luisa: Pero después de los exámenes,
podemos tener tiempo libre. ¡Qué ilusión!

Santiago: Pienso visitar muchos templos
y voy a tomar un curso de Zen. ¿Y tú, Misaki?

Misaki: Mis padres vienen a Kioto
y voy a pasar unos días con ellos.

 スペインの言語

　皆さんがスペインに旅行する際、この教科書で勉強しているスペイン語が話せれば、国内どこにでも行けますが、実はスペイン各地にはスペイン語以外の言語が存在します。カタルーニャ語、ガリシア語、バスク語などがそれにあたります。また現地に行くと、スペイン各地域に存在する「〜地方の人」という強いアイデンティティーにも触れることができるでしょう。

Práctica 7

◆ 暗記すべきフレーズ ♪31

太字部分を、下の「語彙・表現」と入れかえて、言ってみましょう。

> ☐ Tengo **exámenes**.
> ☐ Tenemos que **estudiar mucho**.
> ☐ Voy a **tomar un curso de Zen**.

◆ 暗記すべき語彙・表現

所有を表す表現

un perro, una perra, un gato, una gata, un hermano, una hermana, una bici, una moto

体の状態を表す表現　　※ tener ＋名詞

hambre, fiebre, gripe, frío, calor, sueño, sed

年齢を表す表現

¿Cuántos años tienes?—Tengo dieciocho / diecinueve / veinte / veintiún años.

義務を表す表現　　tener que ＋不定詞

comer, volver a casa, ir al hospital, hacer las tareas

未来を表す表現　　ir a ＋不定詞

viajar a España, ir a Tokio, comer con mi familia, hacer la comida

❾ 答えてみよう！

❶ ¿Qué vas a hacer después
   del examen?

❷ ¿Cuántos años tienes? —

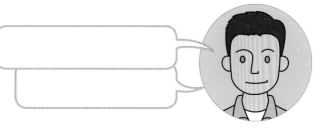

※このやりとりを自分のことに当てはめて、となりの人と練習してみよう。

🎨⇄❾ 話してみよう！

ペアで、この授業の後にしようと思っていることを言い合いましょう。

Habla con tu compañero(a) sobre lo que vas a hacer después de esta clase.

Gramática 7

32-1 語幹母音変化動詞 Presente de indicativo de los verbos irregulares

1-1) e→ie に変わる動詞　Con cambio vocálico (e→ie)

| querer | qu**ie**ro | qu**ie**res | qu**ie**re | queremos | queréis | qu**ie**ren |
| empezar | emp**ie**zo | emp**ie**zas | emp**ie**za | empezamos | empezáis | emp**ie**zan |

Quiero un café. / ¿Quieres viajar por México? / Empiezo a estudiar español.

 次の動詞の直説法現在形の活用を書きなさい。
① cerrar　　② pensar　　③ entender

1-2) o→ue に変わる動詞　Con cambio vocálico (o→ue)

| poder | p**ue**do | p**ue**des | p**ue**de | podemos | podéis | p**ue**den |

¿Puedo tomar fotos? / ¿Puedes venir mañana?

 次の動詞の直説法現在形の活用を書きなさい。
① dormir　　② volver　　③ probar

1-3) e→i に変わる動詞　Con cambio vocálico (e→i)

| pedir | p**i**do | p**i**des | p**i**de | pedimos | pedís | p**i**den |

（ミニ練習問題 3） 次の動詞の直説法現在形の活用を書きなさい。
① servir　　② repetir

1-4) u→ue に変わる動詞　Con cambio vocálico (u→ue)　※ jugar のみ

| jugar | j**ue**go | j**ue**gas | j**ue**ga | jugamos | jugáis | j**ue**gan |

Yo juego al fútbol todos los sábados. / Los niños juegan en el parque.

32-2 tener, venir, decir, oír, ir（不規則動詞） tener, venir, decir, oír, ir

tener	tengo	t**ie**nes	t**ie**ne	tenemos	tenéis	t**ie**nen
venir	v**e**ngo	v**ie**nes	v**ie**ne	venimos	venís	v**ie**nen
decir	**digo**	d**i**ces	d**i**ce	decimos	decís	d**i**cen
oír	**oigo**	**oyes**	**oye**	oímos	oís	**oyen**
ir	**voy**	**vas**	**va**	**vamos**	**vais**	**van**

Tengo hambre. / Tenemos que estudiar mucho. / ¿Cuántos años tienes? – Tengo diecinueve años. / Luisa viene aquí. / Oigo la música. / Digo la verdad. / Voy a España. / Vamos a dormir. / Voy a comprar unas frutas.

32-3 時刻表現 La hora

¿Qué hora es?

1:00	Es la una.
6:15	Son las seis y cuarto.
10:40	Son las once menos veinte.
8:00 a.m.	Son las ocho de la mañana.

¿A qué hora ~ ?

¿A qué hora desayunas?
—Desayuno a las siete y media.
¿A qué hora comen ustedes?
—Comemos a las dos.

1. 次の動詞を適切な直説法現在形にしなさい。また全文を和訳しなさい。

① Yo no [entender   ] muy bien español.

② ¿A qué hora [empezar   ] la clase?

③ ¿Tú [querer   ] visitar el Museo del Prado?

④ ¿Cuándo [poder   ] venir usted a mi casa?

⑤ Ellos [jugar   ] al fútbol.

2. 次の時刻をスペイン語で表しなさい。

① 1:10 _____

② 10:30 _____

③ 2:45 _____

④ 5:35 _____

⑤ 7:25 a.m. _____

3. スペイン語にしなさい。

① あなたの両親は何時にここに来ますか？

② 私たちはスマートフォン (un teléfono inteligente) がほしいです。

③ 君はたくさん勉強しなければならない。

④ 君たちは大学に行きますか？

⑤ （私は）トイレに行っても (ir al servicio) いいですか？

★数詞 101-1 000

101 ciento uno	140 ciento cuarenta	200 doscientos	300 trescientos
400 cuatrocientos	500 quinientos	600 seiscientos	700 setecientos
800 ochocientos	900 novecientos	1 000 mil	

Lección 8

Me gusta la camiseta.

リョウタとルイサはミサキの家に夕食を招待されます。

🎵34 **Conversación 8** "En la casa de Misaki"

Ryota: Muchas gracias por invitarnos a cenar.

Luisa: Tenemos un regalo para ti. Es una camiseta de México.

Misaki: Ah, ¡muchas gracias! La voy a poner en la pared.
Me gusta la camiseta.
Ya está lista la cena.

Luisa: ¿Qué es esto? ¿Pueden explicarme?

Ryota: Es *yakiniku*. Es carne asada. También asamos varias verduras.

Luisa: Ah, ya lo comprendo. Me encanta la carne asada.
Entonces, ¡vamos a brindar!

コラム **arroz con leche（アロス・コン・レチェ）**

　日本人がスペイン語圏に行ったとき、苦手とされる料理がarroz con leche（ミルクがゆ）です。米をミルクと砂糖で煮こみ、シナモンで香りづけがされています。スペイン語圏の人々は主に冷やして食しますが、日本食で米を甘い味で食べる料理が少ないためか、この慣れない味に困惑する人がたくさんいます。

Práctica 8

◆ 暗記すべきフレーズ ♪35

太字部分を、下の「語彙・表現」と入れかえて、言ってみましょう。

> ☐ Gracias por **invitarnos a cenar**.
> ☐ Me gusta **la comida japonesa**.

◆ 暗記すべき語彙・表現

「~をありがとう」でよく使う語彙

tu regalo, tu ayuda, su visita, su invitación, invitarme un café

「~が好きだ」でよく使う語彙

la música, la naranja, el café, viajar, estudiar, hacer deportes, comer y dormir

♪ 答えてみよう！

❶ ¿Te gusta la camiseta? —

❷ ¿Les gusta aprender español? —

❸ ¿Qué es *yakiniku*? —

※このやりとりをとなりの人と練習してみよう。

🗣⟷💬 話してみよう！

「君は~が好きですか？」という疑問文を作り、ペアの人に質問してみましょう。

Hazle una pregunta a tu compañero(a) utilizando "¿Te gusta ～ ?".

36-1 直接目的格人称代名詞（〜を）　Pronombre de objeto directo　※動詞の直前に置く。

単数		複数	
私を	me	私たちを	nos
君を	te	君たちを	os
彼を、あなたを、それを（男性名詞）	lo	彼らを、あなたがたを、それらを	los
彼女を、あなたをそれを（女性名詞）	la	彼女らを、あなたがたを、それらを	las

Conozco a Ana. **La** conozco. / **Los** llevo al aeropuerto. / **Te** quiero.

★文章などを目的格に置き換える際は、中性のloを使う。

¿Sabes que María es española? —Sí, **lo** sé.

ミニ練習問題1　次のスペイン語を直接目的格1語に置き換えなさい。
① unas manzanas　② el cuaderno　③ María y Miguel

36-2 間接目的格人称代名詞（〜に）　Pronombre de objeto indirecto　※動詞の直前に置く。

単数		複数	
私に	me	私たちに	nos
君に	te	君たちに	os
彼に、彼女に、あなたに	le(se)	彼らに、彼女らに、あなたがたに	les(se)

Le doy un regalo a mi padre. / ¿**Me** escribes un e-mail? —Sí, **te** lo escribo. /
¿Dices la verdad a ella? —Sí, **se** la digo.

★間接目的格と直接目的格の双方が3人称となった際、間接目的格はseに変えなければならない。

36-3 前置詞格人称代名詞　Los pronombres con preposición

※主語人称代名詞と同じつづり。しかし「私」はmí、「君」はtiとなる。

Compro este libro para ella. / Ella habla de mí. / Yo trabajo por ti.

★前置詞conとmí, tiを使う場合はそれぞれ、conmigo, contigoとなる。¿Él come contigo?

36-4 動詞 gustar　El verbo GUSTAR

間接目的格		動詞	主語
Me	Nos	gusta	la música.
Te	Os	gusta	viajar.
Le	Les	gustan	los perros.

★間接目的格の前にa＋人を付けると、特にle, lesの指示対象を明らかにできる。

A Naomi le gusta estudiar. / A ellos les gusta el fútbol.

★その他gustar型動詞

encantar: Me encanta la comida española.　**interesar:** ¿Os interesan los deportes?
doler: ¿Te duele la cabeza?
parecer: ¿Qué les parece la novela a ustedes? —Nos parece interesante.

Ejercicios
8

1. 下線部を目的格に置き換えて全文を書き換えなさい。

① ¿Lees esta revista?

　_____

② Compro un regalo a ellas.

　_____

③ Sabemos que nuestro profesor es de Colombia.

　_____

④ ¿Me dices la verdad?　　※目的格を使いながら sí で答える文章を書くこと。

　_____

⑤ Él enseña inglés a los estudiantes.

　_____

2. 下線部には間接目的格を、[　　　]の動詞は主語に合わせて活用させなさい。

① _____ [gustar　　　　　　　　] visitar los museos.
　私は博物館を訪れることが好きです。

② ¿A Luisa_____ [gustar　　　　　　　　] los gatos?
　ルイサは猫が好きですか？

③ ¿_____ [interesar　　　　　　　] el viaje?
　君は旅行に興味がありますか？

④ _____ [encantar　　　　　　　　] hacer juegos con el teléfono inteligente.
　私たちはスマートフォンでゲームをするのが大好きです。

⑤ ¿_____ [doler　　　　　　　] los ojos?
　君たちは目が痛いのですか？

3. スペイン語にしなさい。

① 私はスペインが大好きです。

② 君は彼女にプレゼントをあげますか？—— はい、私は彼女にそれをあげます。

③ カルロス (Carlos) はお腹 (el estómago) が痛い。

Lección

8

Me gusta la camiseta.

¿Cómo se llama este templo?

Lección 9

リョウタとサンティアゴは清水寺を訪問します。

♪37 **Conversación 9** "En el templo"

Ryota: Ya llegamos al templo.

Santiago: ¿Cómo se llama este templo?

Ryota: Se llama el templo Kiyomizu-dera.

Santiago: Se dice que lleva más de mil años, ¿es cierto?

Ryota: Claro, es muy antiguo. Desde aquí se puede ver la ciudad.

Santiago: ¡Qué hermosa!

Ryota: En otoño muchas hojas se hacen rojas y amarillas.

コラム 　日本国内におけるスペイン語の需要

　近年、日本国内でもスペイン語の需要は急速に高まりつつあります。例えば日本を訪れるスペイン語圏の観光客は増加しており、スペイン語を使って日本を案内できる人材が必要とされています。さらに日系人を中心とした日本に出稼ぎに来るスペイン語圏の人達も多く存在し、教育機関においてスペイン語を運用できる教員も求められています。このように日本でもスペイン語を使う機会は今後もさらに増えることでしょう。

Práctica 9

◆ 暗記すべきフレーズ ♪38

太字部分を、下の「語彙・表現」と入れかえて、言ってみましょう。

☐ ¿Cómo se llama **este templo**?

☐ Me pongo **los zapatos**.

◆ 暗記すべき語彙・表現

名前や名称を聞く際によく使われる語彙

tu padre, tu madre, su perro, su gato, este lugar, esta comida

衣類の語彙　　※身につけるはponerseを使います。脱ぐはquitarseを使います。

la camisa, los zapatos, la corbata, la chaqueta, los calcetines, el sombrero, las gafas

🎵 答えてみよう！

❶ ¿Cómo se llama este templo? —

❷ ¿Qué se puede ver desde aquí? —

※このやりとりをとなりの人と練習してみよう。

🍫⇄🎵 話してみよう！

ペアで自身が身につけるものを指して、「私は〜を身につけます」と言い合いましょう。

Señala con el dedo lo que te pones y utiliza la frase "Me pongo 〜." a tu compañero(a).

Gramática 9

39 **1 再帰動詞**　Verbos reflexivos　※動詞の後ろにつくseは再帰代名詞と呼ぶ。

1-1) 活用

levantarse	
me levanto	**nos** levantamos
te levantas	**os** levantáis
se levanta	**se** levantan

acostarse	
me ac<u>ue</u>sto	**nos** acostamos
te ac<u>ue</u>stas	**os** acostáis
se ac<u>ue</u>sta	**se** ac<u>ue</u>stan

他の再帰動詞：bañarse, ducharse, lavarse, llamarse, ponerse, quitarse, sentarse, vestirse　など

 **ミニ練習問題 1**　次の再帰動詞の現在形の活用を書きなさい。
① llamarse　② ponerse (yoのみ不規則→6課)
③ v<u>e</u>stirse (<u>e</u>が<u>i</u>に変化→7課)

1-2) 用法

A. 直接再帰（自分自身を～する）

Me levanto a las seis. / ¿A qué hora te acuestas?

B. 間接再帰（自分自身に～する）　※基本的に再帰動詞の後、定冠詞＋目的語が必要になる。

Me lavo las manos antes de comer. / ¿Por qué no os quitáis la corbata?

C. 強意

¿Ya te vas? —Sí, ya me voy. / Ella se bebe todo el zumo.

D. 相互　※主語は複数形でなければならない。

Ana y José se quieren mucho. / Nos ayudamos mutuamente.

E. 受け身　※物や事が主語になる（3人称のみ）。

Se habla español en Chile.

F. 無人称表現　※se＋3人称単数で「（一般的に）人は～する」という意味になる。

¿Cómo se dice "hermoso" en japonés? / Se come muy bien en este restaurante.

40 ★ **季節**　Estaciones

primavera, verano, otoño, invierno　En Japón comemos mucho en otoño.

41 ★ **月名**　Meses

enero, febrero, marzo, abril, mayo, junio, julio, agosto, septiembre, octubre, noviembre, diciembre

¿Qué fecha es hoy? – Es (el) veintiuno de octubre.
¿Cuándo es tu cumpleaños? – Mi cumpleaños es el cinco de diciembre.

42 ★ **曜日**　Días de la semana

lunes, martes, miércoles, jueves, viernes, sábado, domingo

¿Qué día es hoy? —Hoy es jueves. / ¿Qué día estudias inglés? —Lo estudio los lunes.

1. [　　]の動詞を適切な直説法現在形にしなさい。また全文を和訳しなさい。

① Nosotros [lavarse　　　　　　　　　] los dientes.

② ¿Cómo [llamarse　　　　　　　　] tú?

③ Yo [vestirse　　　　　　　] antes de desayunar.

④ Ella [ponerse　　　　　　　] el abrigo.

⑤ ¿A qué hora [ducharse　　　　　　　　] vosotros?

2. 以下の質問に日ごろの自身の行動と当てはめてスペイン語で書きなさい。

例）¿A qué hora te levantas?　　　Normalmente me levanto a las seis y media.

①　¿A qué hora te levantas?　_____

②　¿A qué hora desayunas?　_____

③　¿A qué hora comes?　_____

④　¿A qué hora te bañas?　_____

⑤　¿A qué hora te acuestas?　_____

3. スペイン語にしなさい。

①　あなたは何時に起きますか？

②　わたしたちはコートを脱ぎます。

③　君の犬は何という名前ですか？

④　今日は10月26日です。

⑤　今日は火曜日です。

★数詞 **1 001-1 000 000**

1 001 mil uno	2 000 dos mil	3 000 tres mil	10 000 diez mil
100 000 cien mil	1 000 000 un millón		

Lección 10

¿Has estado en el extranjero?

教室でミサキ、リョウタ、ルイサ、サンティアゴが海外旅行について話し合っています。

 Conversación 10 "Después de la clase"

Luisa: ¿Has estado en el extranjero, Ryota?

Ryota: No, no he estado. Pero estoy pensando en visitar España.

Santiago: ¡Qué bien! ¿Por qué no vienes conmigo?
Voy a regresar a España a ver a mis padres.

Ryota: Sí, ¡buena idea!

Misaki: Yo tampoco he estado en el extranjero, pero estoy haciendo un plan de viaje por México.

Luisa: Misaki y yo ya hemos hablado del viaje.

コラム　　　　　　　　　**スペイン語圏の名前**

　皆さんの名前にはどのような意味が込められているでしょうか？外国にいると「君の名前にはどういう意味があるの？」と質問されることがよくあります。スペイン語圏の人々の名前はほとんどの場合、洗礼名 (nombre de pila) が付けられています。カレンダーの日付には毎日洗礼名が入っており、例えばロドリゴの日に生まれたので、ロドリゴさんと名付けられたというケースもあります。スペイン語圏のカレンダーで皆さんの誕生日の聖人の名前を探してみるのもよいでしょう。

Práctica 10

◆ 暗記すべきフレーズ 🎵45

太字部分を、下の「語彙・表現」と入れかえて、言ってみましょう。

> ☐ ¿Has estado en **el extranjero**?
> ☐ Estoy haciendo **un plan**.

◆ 暗記すべき語彙・表現

国の語彙 (→4課)

España, Francia, Alemania, México, Estados Unidos, Australia, China, Japón

「〜している」という表現で使う語彙の一例

una comida, los ejercicios, las tareas, la compra, la maleta, una fiesta

👂 答えてみよう！

❶ ¿Qué estás haciendo?　—

❷ ¿Has hecho la tarea?　—

※このやりとりをとなりの人と練習してみよう。

👄↔👂 話してみよう！

① ペアで「君は何をしているの？」と尋ね合って、「私は〜しています」と答えましょう。

Pregunta a tu compañero(a) qué está haciendo. Tu compañero(a) tiene que contestar usando una frase con "Estoy + gerundio〜". (ej) ¿Qué estás haciendo? Estoy estudiando español.

② ペアで「君は〜へ行ったことがある？」と尋ねて、それに対して答えましょう。

Haz una pregunta a tu compañero(a) utilizando "¿Has estado en 〜?". Tu compañero(a) tiene que responder a la pregunta.

♪46-1 現在分詞　Gerundio

1-1) 現在分詞の作り方

-ar 動詞	**-ando**	**hablar** – habl**ando**
-er 動詞、-ir 動詞	**-iendo**	**comer** – com**iendo** / vivir – viv**iendo**

★不規則な現在分詞：leer – leyendo / ir – yendo / dormir – durmiendo / decir – diciendo など

ミニ練習問題 1　　次の現在分詞を書きなさい。
① estudiar　　② aprender　　③ escribir

1-2) 現在分詞の用法

A. estar ＋ 現在分詞　【進行形】

Estoy estudiando español. / ¿Qué estás haciendo? —Estoy leyendo un periódico.

B. 副詞的機能「～しながら」

Preparo la comida oyendo música. / Cenamos viendo la televisión.

♪46-2 過去分詞　Participio

2-1) 過去分詞の作り方

-ar 動詞	**-ado**	**hablar** – habl**ado**
-er 動詞、-ir 動詞	**-ido**	**comer** – com**ido** / vivir – viv**ido**

★不規則な過去分詞：hacer – hecho / leer – leído / abrir – abierto / escribir – escrito / ver – visto / poner – puesto / decir – dicho / volver – vuelto など

ミニ練習問題 2　　次の過去分詞を書きなさい。
① comprar　　② entender　　③ recibir

2-2) 過去分詞の形容詞的用法　　※性数変化が伴う。-o で終わる形容詞ととらえる（→ 3 課）。

las tiendas abiertas / las puertas cerradas / la semana pasada / el año pasado

2-3) 状態受動態

主語＋ estar ＋過去分詞（主語と性数が一致）で表現する。

Ese trabajo ya está terminado. / Las tiendas están abiertas.
※ ser 動詞を使った受動態もある。El profesor es respetado por sus alumnos.

♪46-3 直説法現在完了　Pretérito perfecto compuesto de indicativo

3-1) 現在完了の作り方：haber の現在形＋過去分詞(性数変化なし。常に男性単数形(-o)の形)

haber	he	has	ha	hemos	habéis	han	+ comido

3-2) 用法

A. 完了された事柄や行為：¿Ya has hecho la tarea? —Sí, ya la he hecho.

B. 経験の表現：¿Has estado en Perú alguna vez? —No, no he estado. / No, nunca he estado.

1. [   ] の動詞を使って現在分詞形にしなさい。また全文を和訳しなさい。

① ¿Ellas están [trabajar   ] contigo?

② ¿Qué está [hacer   ] usted?

③ ¿Tú estás [decir   ] la verdad?

④ Yo estoy [estudiar   ] Economía en la universidad.

⑤ Hablamos en la cafetería [tomar   ] té.

2. haber の活用と [   ] の動詞を使って現在完了形の表現を作りなさい。また全文を和訳しなさい。

① ¿Ustedes [visitar   ] Málaga?

② Hoy nosotros [trabajar   ] mucho.

③ Mis amigos [estar   ] en Barcelona.

④ Jorge no [volver   ] al hotel todavía.

⑤ Mis padres [levantarse   ] temprano esta mañana.

3. スペイン語にしなさい。

① 君は今までにアメリカ合衆国に行ったことがありますか？

② 私は彼に手紙 (una carta) を書いています（現在進行形で）。

③ あなたは小包 (el paquete) を受け取りましたか？

④ アントニオ (Antonio) はタコス (tacos) を食べたことがない。

⑤ 彼らは真実 (la verdad) を言っています（現在進行形で）。

Lección 11

Creo que el AVE es tan rápido como el Shinkansen.

リョウタとサンティアゴはマドリードのバラハス空港に到着し、バルセロナ行きの電車チケットを予約します。

♪47 **Conversación 11** "En el aeropuerto de Barajas"

Santiago: ¿Qué tal el viaje en avión? ¿Todo bien?

Ryota: Sí. Aunque estoy un poco cansado, lo he disfrutado.

Santiago: Ahora reservamos el billete del AVE para Barcelona.

Ryota: ¿Cómo lo hacemos?

Santiago: Por aplicación de móvil, es más fácil que la compra en la estación.

Ryota: El tren bala de Japón es más rápido que el AVE, ¿no?

Santiago: Creo que el AVE es tan rápido como el Shinkansen. Por eso llegamos pronto al destino.

Ryota: Ah, entiendo.

Santiago: Ya está lista la reservación. Vamos a la estación de Atocha.

コラム スペインの交通事情

　スペインの首都、マドリードは国土の真ん中にあり、地方都市に効率よく旅行できます。飛行機も良いですが、電車の旅行もお勧めです。AVEはスペインの新幹線に当たり、スピードも速く広々とした座席で快適に旅行ができます。バス路線も発達しており、長距離路線では少し時間がかかりますが景色を楽しみながら移動できます。マドリードやバルセロナでは地下鉄も発達しており、移動も簡単です。

Práctica 11

◆ 暗記すべきフレーズ ♪48

太字部分を、下の「語彙」と入れかえて、言ってみましょう。

- ☐ **El tren bala** de japón es más rápido que **el AVE**.
- ☐ **Ryota** es más alto que **Santiago**.

◆ 暗記すべき語彙・表現

「AはBよりも大きい」という例文で使う語彙の一例

China / Japón, Argentina / Colombia, México / Costa Rica

「AはBよりも高い」という例文で使う語彙の一例

la Torre de Skytree / la Torre de Tokio, el Monte Blanco / el Monte Fuji

※女性名詞の場合は形容詞の語尾に注意する。

👅 答えてみよう！

❶ ¿Cuál país es más grande, Japón o México? —

❷ ¿Cuál es mayor, Santiago o Luisa? —

※このやりとりをとなりの人と練習してみよう。

👄💬👅 話してみよう！

巻頭の地図を参考にし、どちらが大きいのかを質問する文をつくり、ペアに質問しましょう。

Viendo el mapa de la primera página, haz una pregunta a tu compañero(a) utilizando "¿Cuál es más grande ~ ?".

(ej) ¿Cuál es más grande, Perú o Ecuador?

Gramática 11

🎵49-1 比較級　Comparativos

1-1) 優等比較　Comparativo de superioridad

A＋動詞＋**más**＋形容詞か副詞＋**que**＋B （AはBよりも〜である）という形になる場合が多い。

La ropa blanca es **más** grande **que** la negra.

Este libro es **más** caro **que** aquel.　※指示代名詞は 5 課を参照。

1-2) 劣等比較　Comparativo de inferioridad

A＋動詞＋**menos**＋形容詞か副詞＋**que**＋B （AはBほど〜でない）という形になる場合が多い。

Esa cantante es **menos** popular **que** aquella.

★不規則な比較級（形容詞・副詞）

普段の形容詞・副詞	比較級で使う不規則な形容詞・副詞
grande	mayor
pequeño	menor
bueno, bien （副詞）	mejor
malo, mal （副詞）	peor
mucho （形容詞・副詞）	más
poco （形容詞・副詞）	menos

★年齢などの比較には mayor, menor を使い、物事の大小の比較には grande, pequeño を使う。

Yo soy **menor que** Jorge. （mayor, menor には más を付けない）

En Kioto nieva **menos que** en Hokkaido.

1-3) 同等比較　Comparativo de igualdad

A＋動詞＋**tan**＋形容詞か副詞＋**como**＋B （AはBと同じくらい〜である）

Esa comida es **tan** buena **como** esta.

★mucho の同等比較は tanto を使う。

Ella tiene **tantos** libros **como** su amiga.

🎵49-2 最上級　Superlativo

A＋動詞＋定冠詞＋**más**＋形容詞＋**de**＋B （AはBの中で最も〜だ）という形になる場合が多い。

La Torre de Skytree es la **más** alta **de** Japón.

Él es el **mejor** jugador **del** equipo. （mejor, peor には más をつけない）

ミニ練習問題 1

次のスペイン語を日本語に訳しなさい。

① Esta mesa es **más** cara **que** aquella.

② Esa película es **peor que** las otras.

③ Yo soy **menor que** Manuel.

1. 次の [   ] に適切な語を入れて、比較級・最上級の文章を完成させなさい。

① Mis amigos son [   ] altos [   ] ustedes.

私の友人はあなたたちより背が高い。

② Santiago es [   ] [   ] Ryota.

サンティアゴはリョウタよりも年上です。

③ El AVE es [   ] rápido [   ] el tren bala de Japón.

AVE（スペイン新幹線）は日本の新幹線と同じくらい速い。

④ Esta comida es [   ] cara [   ] aquella.

この食事はあれほど高くない。

⑤ Ella es [   ] [   ] inteligente [   ] la clase.

彼女はクラスの中で最もかしこいです。

2. 次のスペイン語を日本語にしなさい。

① Aquel monumento es más alto que este.

② Ese niño es tan estudioso como ella.

③ Esta canción es la mejor de este año.

3. スペイン語にしなさい。

① その本はこれよりも高い。

② 君は彼女より年下ですか？

③ このワインはあれと同じくらいおいしい。

④ 私は彼らと同じくらいたくさんのおもちゃ (juguete(s)) を持っている。

⑤ フアンはチームの中で最も上手なサッカー選手 (futbolista) です。

Ayer visité la Sagrada Familia.

リョウタはサンティアゴと一緒にバルセロナにやってきました。訪問したサグラダ
ファミリアやスペイン料理について話し合っています。

♪ 50 **Conversación 12** "Después de visitar la Sagrada Familia"

Ryota:	Por fin ayer visité la Sagrada Familia. Estoy muy contento.
Santiago:	El templo se empezó a construir en 1882. ¿Tomaste fotos?
Ryota:	Sí, tomé muchas fotos. Me gustó mucho el paisaje desde arriba.
Santiago:	Por cierto, ¿qué cenaste anoche?
Ryota:	Cené paella en un restaurante y me encantó.

コラム スペイン語圏のお店

　スペイン語圏でも大型商業施設がたくさんでき、長時間営業するところも増えましたが、伝統的に
商店の営業時間が午前と午後の二部制になっていることが多いです。お昼は2、3時間お店が閉まり
ます。週末はお店を開けないこともよくあります。まとまった買い物は平日にしっかりしなければな
りません。日本とは大きく異なりますので、買い物する際、注意が必要です。週末はサービス業の従
業員もしっかりと休んで英気を養います。こうした文化は日本も学ぶべき点かもしれません。

Práctica 12

◆ 暗記すべきフレーズ ♪51

太字部分を、下の「語彙・表現」と入れかえて、言ってみましょう。

> ☐ Ayer visité **la Sagrada Familia**.
> ☐ Me gustó **el paisaje desde arriba**.

◆ 暗記すべき語彙・表現

訪れた場所や人の語彙 ※人を訪ねた場合は前置詞 a を付ける。

Toledo, Valencia, el museo, la casa de mi amigo, a mi abuela, a mis tíos

気に入ったものの語彙

la película, la comida, la novela, el pastel, el viaje, la estancia en Madrid

🎙 答えてみよう！

❶ ¿Qué visitaste ayer? —

❷ ¿Te gustó la paella? —

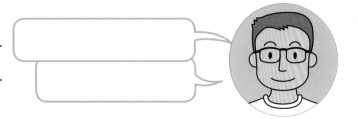

※このやりとりを自分のことに当てはめて、となりの人と練習してみよう。

🎧↔🎙 話してみよう！

① ペアで昨日どこを訪ねたのかを質問し、答え合いましょう。
Pregunta a compañero(a) qué lugar visitó ayer y dónde visitaste ayer entre los compañeros.

② ペアで「～は気に入った？」と質問し、答え合いましょう。
Pregunta a tu compañero(a) usando la expresión de "¿Te gustó ～?". Tu compañero(a) tiene que responder.

52-1 直説法点過去（規則活用） Pretérito indefinido (verbos regulares)

hablar

hablé	hablamos
hablaste	hablasteis
habló	hablaron

comer

comí	comimos
comiste	comisteis
comió	comieron

vivir

viví	vivimos
viviste	vivisteis
vivió	vivieron

点過去：過去の完了した行動や状態を表す。

★点過去を使った文章には過去を表す副詞表現がよく使われる。

ayer, anoche, anteayer, la semana pasada, el mes pasado, el año pasado

¿Visitaste el Museo del Prado el año pasado? (visitar)

Anoche bebí vino en el bar. (beber) / ¿Recibisteis mi paquete ayer? (recibir)

 次の動詞の直説法点過去の活用を書きなさい。
① estudiar ② correr ③ escribir

★yoの活用のみ不規則になる活用もある。

-zarで終わる動詞のyoの活用語尾は -cé, -gar で終わる動詞は gué, -car では -qué となる。

empezar → empecé / pagar → pagué / buscar → busqué　など

Anoche llegué a Madrid. (llegar) / Ayer toqué la guitarra. (tocar)

52-2 直説法点過去（3人称の活用が不規則） Pretérito indefinido (verbos irregulares)

pedir	pedí	pediste	pidió	pedimos	pedisteis	pidieron
dormir	dormí	dormiste	durmió	dormimos	dormisteis	durmieron
leer	leí	leíste	leyó	leímos	leísteis	leyeron

Pedí un café con leche. / Anoche mis hijos durmieron bien. /

Ellos leyeron esa revista. / Ayer oí la música en casa.

 次の動詞の直説法点過去の活用を書きなさい。
① elegir ② sentir ③ oír

52-3 副詞 (-mente) Adverbios

-oで終わる形容詞はoをaにかえて mente、それ以外の形容詞はそのまま語尾にmenteをつける。

rápido → rápidamente / amable → amablemente / difícil → difícilmente

Jorge leyó esa novela lentamente. / Ellos aprendieron francés rápidamente.

 次の形容詞を副詞にしなさい。
① alegre ② afortunado ③ fácil

1. 次の動詞を適切な直説法点過去にしなさい。また全文を和訳しなさい。

① Ayer yo [hablar   ] con mi profesora.

② ¿Cuántos libros [comprar   ] tú?

③ Ellos [correr   ] por el parque.

④ ¿El año pasado vosotros [estudiar   ] japonés?

⑤ Yo [jugar   ] al fútbol el domingo pasado.

⑥ Yo [empezar   ] a aprender español a los 19 años.

⑦ Nosotros [oír   ] unas canciones en el restaurante.

⑧ Yo [leer   ] esa revista la semana pasada.

⑨ ¿Qué [pedir   ] tú?

⑩ Ayer José [levantarse   ] a las siete.

2. スペイン語にしなさい。

① 2日前私はスペインに到着しました。

② 君たちはそのレストラン (ese restaurante) で食べたのですか？

③ ミサキは昨晩よく眠れなかった。

④ 昨晩私は 12 時に寝ました。　※acostarse を使って作文

⑤ マリアは先週、ショッピングモール (el centro comercial) で T シャツを買いました。

★hace ＋ 「期間を表す語句」

hace ＋ 「期間を表す語句」 で 「〜前」 という意味になる。

Hace tres meses visité Sapporo.　　3 か月前私は札幌を訪れました。

Hace cuatro días visitamos a Juan.　　4 日前私達はフアンを訪ねました。

Lección 13

¡Cumplí mi sueño ayer!

リョウタとサンティアゴは昨日行ったサッカーの試合に関して話をしています。

♪53 **Conversación 13** "El partido de fútbol"

Ryota: ¡No lo puedo creer! ¡Cumplí mi sueño ayer!

Santiago: ¡Qué emocionante fue ver el partido de fútbol!

Ryota: Nuestro equipo jugó muy bien y ganó.

Santiago: Nos sentimos muy felices en el estadio.

Ryota: Mira, compré esta bufanda del equipo.

Santiago: Te queda muy bien.

Ryota: Tu amigo no vino al estadio, ¿por qué?

Santiago: Porque ayer tuvo que estudiar para el examen.

コラム スペインのサッカー事情

　スペインでは「親類に一人はプロのサッカー選手がいる」と言われるほどサッカーが盛んです。特に地元チームに対する思い入れは大変なもので、他の地域のライバルチームに勝った際は大きな盛り上がりを見せます。ちなみに日本ではレアル・マドリード (Real Madrid) を「レアル」と略す場合が多いですが、スペインではあまりそう呼ばず、「エル・マドリー (El Madrid)」や、あるいはホームのユニフォームが白いことから「メレンゲ (Merengue)」という愛称を使うこともあります。

Práctica 13

◆ 暗記すべきフレーズ 🎵54

太字部分を、下の「語彙・表現」と入れかえて、言ってみましょう。

> ☐ **Compré esta bufanda**.
> ☐ Ayer tuve que **estudiar para el examen**.

◆ 暗記すべき語彙・表現

「〜をした」という表現

dar un regalo a mi amigo, leer novela, comer con ella

「昨日〜しなければならなかった」という表現

entregar el trabajo, trabajar por horas, hablar con mis padres,
ir al hospital, ir al dentista

🍴 答えてみよう！

❶ ¿Ayer fuiste al partido de fútbol? —

❷ ¿Por qué no vino el amigo _
de Santiago?

※このやりとりをとなりの人と練習してみよう。

😮↔🍴 話してみよう！

① ペアで昨日何をしたのかを質問し、答えましょう。
Pregunta a tu compañero(a) qué hizo ayer. Tu compañero(a) tiene que responder.

② ペアで過去に行った場所についての感想を聞き、答えましょう。
Pregunta a tu compañero(a) sobre el lugar donde ha estado.
(ej) ¿Qué te pareció el templo de Kiyomizu-dera?

Lección

13

¡Cumplí mi sueño ayer!

Gramática 13

55-1 直説法点過去（不規則活用） Pretérito indefinido (verbos irregulares)

1-1) 以下の動詞には **(-e, -iste, -o, -imos, -isteis, -ieron)** の共通語尾が存在する。

tener	(tuv-)	tuve	tuviste	tuvo	tuvimos	tuvisteis	tuvieron
hacer	(hic-)	hice	hiciste	**hizo**	hicimos	hicisteis	hicieron
venir	(vin-)	vine	viniste	vino	vinimos	vinisteis	vinieron

※hacerの3人称単数は**hizo**となるので注意。

★その他、同じ共通語尾を持つ動詞
estar (estuv-) / poder (pud-) / poner (pus-) / querer (quis-) / saber (sup-) / haber (hub)

Hace una semana estuve en Madrid. / Tuvimos que estudiar mucho el mes pasado. / Anoche no pude dormir muy bien. / ¿Cuándo supiste la noticia?

 次の主語に合わせて直説法点過去に活用させなさい。
① estar (estuv-)　② poder(pud-)　③ querer(quis-)

1-2) 以下の動詞には **(-e, -iste, -o, -imos, -isteis, -eron)** の共通語尾が存在する。

decir	(dij-)	dije	dijiste	dijo	dijimos	dijisteis	dijeron
traer	(traj-)	traje	trajiste	trajo	trajimos	trajisteis	trajeron

¿Qué te dijo ella ayer? / Yo le traje dos botellas de vino a mi padre.

1-3) その他の不規則動詞

ser / ir	fui	fuiste	fue	fuimos	fuisteis	fueron
dar	di	diste	dio	dimos	disteis	dieron
ver	vi	viste	vio	vimos	visteis	vieron

El examen de ayer fue fácil. / Ellos fueron a Japón. / Ella me dio un regalo.

 次の日本語文を直説法点過去の活用を使いながらスペイン語にしなさい。
① 私はメキシコへ (a México) 行った。　② 君はホルヘに (a Jorge) 会いましたか？

55-2 不定語・否定語 Adjetivos y pronombres indefinidos

algo 何か ⇔ nada 何も（〜ない）　　　¿Hay algo en la nevera? – No, no hay nada.

alguien 誰か ⇔ nadie 誰も（〜ない）　　¿Hay alguien en el cuarto? – No, no hay nadie.

alguno（性数変化あり）誰か、いくつかの ⇔ ninguno（性数変化あり）一人の、一つの（〜もない）

¿Alguna de ellas sabe español? – No, ninguna lo sabe.

1. 次の動詞を適切な直説法点過去にしなさい。また全文を和訳しなさい。

① El año pasado mis padres [ir   ] a México.

② Él [hacer   ] la paella anoche.

③ ¿Tú lo [decir   ] a tu madre?

④ Nosotros [poner   ] los libros en la mesa.

⑤ Mis padres me [dar   ] un regalo de Navidad.

⑥ ¿Ustedes no [poder   ] dormir anoche?

⑦ Jorge [traer   ] la bebida en la fiesta de ayer.

⑧ Ayer yo [saber   ] la noticia.

⑨ Anoche ella [tener   ] dolor de cabeza.

⑩ ¿Qué película [ver   ] usted el fin de la semana pasada?

2. スペイン語にしなさい。

① 去年君はボゴタ (Bogotá) に行きましたか？

② この部屋（cuarto）には誰もいない。

③ 彼らは私に真実を言わなかった。

④ 彼女はエアコン (el aire acondicionado) をつけた。

⑤ 君たちは昨晩パーティーに来なかった。

★不定語・否定語─男性名詞単数形に付ける場合、algún , ningún となる。

¿Tienes algún libro en inglés? — No, no tengo ningún libro en inglés.

Lección 14

Jugaba al fútbol todos los días.

リョウタがサンティアゴの家に招かれ、サンティアゴの両親と食事をしながら話しを交わします。

🎵56 Conversación 14 "En la casa de Santiago"

Madre: Hoy hemos preparado paella, ¡buen provecho!

Ryota: Muchas gracias. Ah, ¡qué rica!

Padre: Santiago nos dijo que te gustaba la paella.

Ryota: Sí, me gusta mucho.
Por cierto, cuando Santiago era niño, ¿qué le gustaba comer?

Madre: Comía de todo, sobre todo la tortilla de patatas.

Santiago: Jugaba al fútbol todos los días, por eso siempre tenía hambre.

Padre: Ryota, ¿qué deportes hacías cuando eras niño?

Ryota: No hacía ningún deporte. Aprendía piano.

コラム　　　　　　　　スペインの芸術

　スペイン芸術を語る上で、エル・グレコ (El Greco)、ゴヤ (Goya) そしてベラスケス (Velázquez)、この三大画家を外すことはできません。特にベラスケスは「画家の中の画家」と称されることもあり、彼の作品は現在に至るまで多くの人々に愛され続けています。マドリードにあるプラド美術館 (El Museo del Prado) に行くと、三大画家の作品が多く展示され、一日ではとても見切れないほど多数の有名な作品が展示されています。マドリードを訪問した際は、必ず訪れておきたいスポットの一つです。

Práctica 14

◆ 暗記すべきフレーズ 🎵57

太字部分を、下の「語彙・表現」と入れかえて、言ってみましょう。

- ☐ Cuando yo era niño(a), **comía mucho**.
- ☐ Antes aprendía **piano**.

◆ 暗記すべき語彙・表現

（ jugar を用いた過去の表現の一例 ）

jugar con mis amigos, jugar al béisbol / al tenis / al fútbol

（ 習い事の語彙 ）

guitarra, caligrafía, inglés, flamenco, kárate (karate), arreglo de flores

💬 答えてみよう！

❶ ¿Qué te gustaba cuando eras niño(a)? —

❷ ¿Dónde vivías cuando eras niño(a)? —

※このやりとりを自分のことに当てはめて、となりの人と練習してみよう。

🎭↔💬 話してみよう！

① ペアになって幼少期にしていたことを話し合ってみましょう。
Conversa con tu compañero(a) sobre lo que hacías cuando eras niño(a).

② ペアになって以前好きだったものを話し合ってみましょう。
Conversa con tu compañero(a) sobre lo que te gustaba antes.

58-1 線過去 Pretérito imperfecto

1-1) 規則活用

hablar		comer		vivir	
hablaba	hablábamos	comía	comíamos	vivía	vivíamos
hablabas	hablabais	comías	comíais	vivías	vivíais
hablaba	hablaban	comía	comían	vivía	vivían

 次の動詞を線過去に活用させなさい。
① estar　② tener　③ escribir

1-2) 不規則活用（以下３語のみ）

ser		ir		ver	
era	éramos	iba	íbamos	veía	veíamos
eras	erais	ibas	ibais	veías	veíais
era	eran	iba	iban	veía	veían

1-3) 線過去の用法

線過去：①過去の完了していない行動・状態を表す。②過去の習慣・反復を表す際に使う。

Antes comprábamos en este supermercado. (comprar)

Yo aprendía español cuando vivía en España. (aprender, vivir)

Siempre mi abuela cocinaba muy rico. (cocinar)

Cuando yo era joven, veía mucho la tele. (ser, ver) / Antes ellos iban al bar para beber. (ir)

58-2 点過去と線過去のちがい Pretérito indefinido y pretérito imperfecto

点過去：過去の完了した行動や状態を表す。

線過去：①過去の完了していない行動・状態を表す。②過去の習慣・反復を表す際に使う。

Ayer yo **estudié** español.

Cuando yo **era** estudiante, **estudiaba** alemán.

Cuando **llegué** a casa, mi padre **veía** la tele.

Mi amigo me **dijo** que **iba** a llegar tarde.

Mi novia me **decía** que le **gustaba** la música mexicana.

 次の日本語の下線部は、点過去・線過去、どちらの活用形で表現するのか考えなさい。
① 私が大学に入学した時、19歳だった。
② 君は子供だった頃、公園で遊ぶのが好きでしたか？
③ 彼らが到着した時、8時だった。

1. 次の動詞を適切な線過去にしなさい。また全文を和訳しなさい。

① Antes yo [pasear   ] por el parque.

② En México ella [aprender   ] español todas las mañanas.

③ Mi padre siempre me [decir   ] que le

   [interesar   ] la historia.

④ Antes ellos [venir   ] a mi casa muchas veces.

⑤ Tú a veces me [preparar   ] la comida.

2. 次の動詞を適切な点過去か線過去の活用に変化させなさい。

① [Ser   ] las diez de la noche, cuando yo

   [terminar   ] la tarea.　私が宿題を終えた時、夜の10時だった。

② ¿Te [gustar   ] jugar al fútbol, cuando tú [ser   ]

   niño?　君は子供だった頃、サッカーをプレーするのが好きでしたか？

③ ¿Qué [hacer   ] tú cuando yo te [llamar   ]?

   私が君に電話をした時、君は何をしていたの？

3. スペイン語にしなさい。

① 以前、彼らはよくこのレストランで食べていた。

② 君が電話した時、私たちは駅 (la estación) にいた。

③ 私のおじいさん (abuelo) はいつも優しかった。

④ 以前私たちはメールで (por e-mail) やり取り (escribirse) していた。

Lección 15

Mañana iremos a misa.

サンティアゴとリョウタは巡礼の町、サンティアゴ・デ・コンポステラを訪問します。
リョウタは巡礼者の姿をみてスペイン文化の素晴らしさを認識します。

 Conversación 15 **"En Santiago de Compostela"**

Ryota: ¡Qué bonita es esta catedral! Mañana iremos a misa.

Santiago: Mira, las personas que tienen la mochila grande son peregrinos. Algunos de ellos han caminado desde Francia.

Ryota: ¿En serio? ¡Increíble! Yo también quiero hacer una peregrinación, pero la haré más adelante. En España hay muchas cosas interesantes, por eso volveré aquí el próximo año.

コラム **巡礼の道、サンティアゴ・デ・コンポステラ**

　サンティアゴ・デ・コンポステラは十二使徒の一人、聖ヤコブの遺骸があるとされており、キリスト教の三大巡礼地の一つとして世界中から人々が訪れます。サンティアゴ・デ・コンポステラに続く巡礼の道には様々なルートがありますが、長いものはフランスから始まり、1000キロを超えるものもあります。近年、日本の熊野古道との交流も行われ、両方の巡礼の道で使うことができる巡礼者手帳も発行されています。

Práctica 15

◆ 暗記すべきフレーズ ♪60

太字部分を、下の「語彙・表現」と入れかえて、言ってみましょう。

- ☐ Mañana iré **a misa**.
- ☐ **Volveré aquí** el próximo año.

◆ 暗記すべき語彙・表現

【「明日〜へ行くつもりだ」で使う語彙の一例】

a la clase de español, a la universidad, a la casa de mi amigo, al cine, al supermercado

【来年の計画を表す際に使う語彙の一例】

viajar a México, estudiar en España, trabajar en una empresa, terminar la carrera

❾ 答えてみよう！

❶ ¿A dónde irás la próxima semana? —

❷ ¿Qué harás mañana por la tarde? —

※このやりとりを自分のことに当てはめて、となりの人と練習してみよう。

🗣💬 話してみよう！

ペアになって来年の計画を話し合ってみましょう。

Conversa con tu compañero(a) sobre tu plan del próximo año.

Gramática 15

61-1 未来形 Futuro simple

1-1) 規則活用

hablar	
hablaré	hablaremos
hablarás	hablaréis
hablará	hablarán

comer	
comeré	comeremos
comerás	comeréis
comerá	comerán

vivir	
viviré	viviremos
vivirás	viviréis
vivirá	vivirán

A. 未来の行為や状態を表す。

Mañana estudiaremos francés. (estudiar)

El próximo año iré a México. (ir)

B. 現在のことに関する推量。

¿Dónde estará María ahora? (estar)

 次の動詞を未来形に活用させなさい。
① comprar ② beber ③ recibir

1-2) 不規則活用

a) 不定詞の語尾の母音 (e,i) が -d に変わる。

tener(tendr-)

tendré	tendremos
tendrás	tendréis
tendrá	tendrán

poner(pondr), salir(saldr), venir(vendr)

b) 不定詞の語尾の母音が脱落。

poder(podr-)

podré	podremos
podrás	podréis
podrá	podrán

saber(sabr), haber(habr)

c) 完全な不規則動詞

hacer(har-)

haré	haremos
harás	haréis
hará	harán

decir(dir-)

diré	diremos
dirás	diréis
dirá	dirán

Si estudias mucho, tendrás buenas notas. / Siempre te diré la verdad.

61-2 関係詞 que Relativo

先行詞は人でも物でも使える。

Yo busco el libro **que** usaremos en la clase de español.

Conocemos al muchacho **que** sabe hablar español, inglés y japonés.

1. 次の動詞を適切な未来形にしなさい。また全文を和訳しなさい。

① El próximo año yo [terminar   ] la carrera.

② Dentro de poco ellos [llegar   ] aquí.

③ Mañana por la mañana nosotros [ir   ] al cine.

④ Mañana ella [recibir   ] el paquete que le envié ayer.

⑤ ¿Crees que a mi padre le [gustar   ] este regalo?

2. que を用いて一つの文章にしなさい。

① ¿Buscas a la profesora? La profesora da clase de español.

② Esta es la cartera. La compré hace unos días.

③ Esta tarde veré a mi amigo. Mi amigo habla francés.

3. スペイン語にしなさい。

① 明日我々はあのレストランで食事をするつもりです。

② 私たちはとても有名であるその博物館を訪問するつもりです。

③ 君はどの食事を選ぶ (elegir) つもりですか？

④ 今彼女らはどこにいるのだろう。

⑤ マリアは来年結婚する (casarse) だろう。

Lección 16

Quiero que viajemos juntas al Mar Caribe.

ミサキはメキシコのルイサの家に着き、部屋に案内されます。

Conversación 16 62 "En la casa de Luisa"

Luisa: Este es tu cuarto. Espero que te guste.

Misaki: Claro que sí. ¡Qué bonita habitación!

Luisa: ¿Qué quieres hacer este fin de semana?

Misaki: Quiero que viajemos juntas al Mar Caribe.

Luisa: ¡Cómo no! Mañana hablaremos del viaje.

Misaki: De acuerdo. ¡Gracias!

Luisa: De nada. Que descanses.

Misaki: Hasta mañana.

コラム　セマナ・サンタ（聖週間）シーズンの旅行

　スペイン語圏では毎年3月下旬から4月中旬頃にかけてセマナ・サンタ（聖週間）と呼ばれるキリスト教のお祭りが各地で行われます。特にセビリャのセマナ・サンタの行事は世界的にも有名です。注意したいのがこの時期は大型連休になり、多くの人々が旅行するシーズンにあたることです。ホテルや航空券の予約はすぐに一杯になり、値段も高くなってしまいます。セマナ・サンタに旅行する場合は、前もって計画を立てておくのが望ましいです。

Práctica 16

◆ 暗記すべきフレーズ ♪ 63

太字部分、下の「語彙・表現」と入れかえて、言ってみましょう。

□ Quiero que **viajemos juntas al Mar Caribe**.
□ Que **descanses**.

◆ 暗記すべき語彙・表現

相手に一緒にしてほしい動作を表す語句

estudiar juntos, trabajar juntos, correr juntos, comer juntos, bailar juntos

※女性同士はjuntas

相手に希望する動作を表す語句

comer bien, regresar pronto, no tardar, levantarse temprano

🐍 答えてみよう！

❶ ¿Qué te parece el cuarto de Luisa? —

❷ ¿Qué quieres hacer con Luisa? —

※このやりとりをとなりの人と練習してみよう。

🎨⇔🐍 話してみよう！

ペアになって相手にしてほしいことを話し合いましょう。

Dile a tu compañero(a) lo que quieres que haga.
(ej) Quiero que vengas a mi casa.

64-1 接続法現在（規則活用）　Presente de subjuntivo de los verbos regulares

hablar		comer		vivir	
hable	hablemos	coma	comamos	viva	vivamos
hables	habléis	comas	comáis	vivas	viváis
hable	hablen	coma	coman	viva	vivan

 次の動詞を接続法現在に活用させなさい。
① comprar　② beber　③ asistir

64-2 接続法の用法

2-1) 複文の場合

主節に願望、依頼、命令、感情、許可、禁止などの動詞を使うと、主にque以下の従属節にあるまだ実施されていない動作や、起こっていない出来事、また否定の意味を表す動詞は接続法の活用が使われる。なお、主節と従属節の主語が異なる必要がある。

願望：querer, desear, esperar など	許可：permitir など
依頼：pedir, rogar など	禁止：prohibir など
命令：mandar, decir など	忠告：recomendar など
感情：alegrarse, sentir など	提案：proponer など

主節		従属節
願望：Quiero	que	no **hables** tan rápido. (hablar)
依頼：Ella os pide	que	los **compréis** en el mercado. (comprar)
命令：El profesor te manda	que	**asistas** a la clase. (asistir)
感情：Me alegro de	que	**estés** bien. ※ estar は不規則活用→ 17 課
許可：Les permito a ustedes	que	**fumen** aquí. (fumar)
禁止：Os prohíbo	que	**bebáis** mucho. (beber)

★価値判断と可能性　※主節は無主語

「Es ＋形容詞＋ que ＋接続法活用＋α」で価値判断と可能性の表現を表すことができる。

主節		従属節
Es mejor	que	**tomes** la medicina. (tomar)
Es recomendable	que	**lleves** un paraguas. (llevar)
Es posible	que	**ocurra** un terremoto. (ocurrir)

2-2) 単文の場合

ojalá, quizá や que の後に接続法が使われる。

¡Ojalá **terminemos** pronto el trabajo!

Quizá ellas **regresen** temprano.

Que **descanse** usted.

1. 次の [   ] の動詞を適切な接続法現在に変化させなさい。また全文を和訳しなさい。

① Queremos que ustedes [estudiar   ] más para el examen.

② Yo te pido que [comer   ] bien.

③ Ella desea que nosotros [aprender   ] otro idioma.

④ ¡Ojalá nosotros [pasar   ] el examen!

⑤ ¿Quieres que yo [escribir   ] mi dirección?

2. 次のスペイン語を日本語にしなさい。

① Quiero que viajes por España.

② Pilar espera que su hijo estudie mucho.

③ Te recomiendo que leas esta novela.

3. スペイン語にしなさい。

① 君は私がその本を読むことを望みますか？

② 私は夫 (mi marido) が喫煙することを好まない。

③ 私たちは君がお酒を飲むことを禁止する。

④ ホセは息子 (su hijo) が結婚すること (casarse) をうれしく思う。

⑤ ミゲルはメキシコが試合で勝つこと (ganar el partido) を望んでいる。

¿Quieren que les toque una canción típica?

Lección 17

ミサキとルイサはカリブ海のビーチに到着し、ビーチチェアに座ります。

♪65 **Conversación 17** "En la playa del Mar Caribe"

Luisa: Compraremos un protector solar cuando lleguemos a la playa.

Misaki: Sí, hace mucho sol. Es necesario.

Luisa: ¡Qué playa tan bonita! ¿Verdad?

Misaki: Sí, me encanta.

Luisa: Hemos traído dos sillas.

Misaki: ¡Vamos a sentarnos!

Guitarrista: Señoritas, ¿quieren que les toque una canción típica?

Luisa: Sí, por favor.

Guitarrista: Muchas gracias. Les toco una canción para que se alegren.

コラム 　　　　　　　流しのミュージシャン

　中南米のレストランやビーチなどでは、ギターを持った流しのミュージシャンが「1曲いかがですか?」とよく声をかけてきます。特にメキシコでは男性がミュージシャンに依頼し、女性にセレナータ (serenata) という恋の歌をささげる事もあります。みなさんも現地で1曲頼んでみてはどうですか?

◆ 暗記すべきフレーズ 🎵66

太字部分を、下の「語彙・表現」と入れかえて、言ってみましょう。

- ☐ Espero que **estés bien**.
- ☐ Te **escribiré** cuando llegue a casa.

◆ 暗記すべき語彙・表現

> 願望を表す語句

(nosotros) sacar buenas notas, (tú) venir a Japón, ganar nuestro equipo,

(tú) tener buen día

> 「家に着いた際、〜するつもりだ」で使う語句の一例

llamar, preparar la comida, ayudar

🟡 答えてみよう！

❶ ¿Qué harás cuando llegues a casa? —

❷ ¿Qué tipo de música pedirás? —

※このやりとりをとなりの人と練習してみよう。

😮⇄🟡 話してみよう！

ペアになって自身の願望について話し合いましょう。

Habla con tu compañero(a) sobre tus deseos.
(ej) Deseo que gane la selección japonesa del fútbol.

67 **1** 接続法現在（不規則活用） Presente de subjuntivo de los verbos irregulares

1-1) 語幹母音変化動詞

-ar, -er動詞は直説法現在と同じ母音変化

probar	pruebe	pruebes	pruebe	probemos	probéis	prueben
poder	pueda	puedas	pueda	podamos	podáis	puedan
volver	vuelva	vuelvas	vuelva	volvamos	volváis	vuelvan

-ir動詞は1・2人称複数でo-u, e-iに変わる。

★dormir: duerma, duermas, duerma, durmamos, durmáis, duerman

1-2) その他の不規則な接続法現在活用

-garで終わる動詞 (-gue)

llegar	llegue	llegues	llegue	lleguemos	lleguéis	lleguen

-carで終わる動詞(-que)

tocar	toque	toques	toque	toquemos	toquéis	toquen

その他①(-ga)　★直説法現在1人称単数に基づく動詞

decir	diga	digas	diga	digamos	digáis	digan
hacer	haga	hagas	haga	hagamos	hagáis	hagan
tener	tenga	tengas	tenga	tengamos	tengáis	tengan

poner: ponga, pongas...　salir: salga, salgas...　venir: venga, vengas...

その他②

dar	dé	des	dé	demos	deis	den
estar	esté	estés	esté	estemos	estéis	estén
ver	vea	veas	vea	veamos	veáis	vean
ir	vaya	vayas	vaya	vayamos	vayáis	vayan
ser	sea	seas	sea	seamos	seáis	sean

Deseamos que vuelvas pronto a casa.

Que duermas bien.

Es mejor que Enrique vaya al hospital.

1. 次の [   ] の動詞を適切な接続法現在に変化させなさい。また全文を和訳しなさい。

① Quiero que tú [venir   ] a mi casa.

② Que [ser (usted)   ] feliz.

③ Le permito a mi hijo que [salir   ] esta noche.

④ Te deseamos que [dormir   ] muy bien.

⑤ Os pido que me [decir   ] la verdad.

2. 次のスペイン語を日本語にしなさい。

① Te digo que vayas a la farmacia.

② Jorge les manda que vuelvan a casa muy pronto.

③ Que tengas buen día.

3. スペイン語にしなさい。

① 君はこの服を試着した方が良い。

② 彼らは両親 (sus padres) が元気でうれしく思う。

③ 私たちは君が試験に合格出来ること (poder aprobar el examen) を期待する。

④ 私は君がホセにプレゼントを贈ること (dar un regalo) を望む。

⑤ あなたは私に今晩その番組 (ese programa) を見ることを勧めますか？

No olvides nada.

いよいよミサキは日本への帰国の日を迎え、ルイサの家を出ます。

🎵68 **Conversación 18** "El día del regreso"

Luisa:	No olvides nada.
Misaki:	No te preocupes, ya he metido todas las cosas en mi maleta.
Luisa:	Mira, este es un regalo de parte de nuestra familia.
Misaki:	Muchas gracias.
Luisa:	No llores, podrás volver aquí pronto.
Misaki:	¡Por supuesto! La próxima vez estaré aquí más tiempo.
Luisa:	Puedes volver a México cuando quieras. ¡Cuídate mucho! ¡Buen viaje!
Misaki:	Gracias. ¡Hasta pronto!

コラム　　　　　　　　　スペイン語とともに

　スペイン語の学習はいかがでしたでしょうか？　発音は比較的簡単ですが、覚える文法がたくさんあって大変だったかもしれません。就職などの実利目的のみに限らず、人生という長いスパンでスペイン語の学習を続けてください。話者が着実に増加しており、今後さらにスペイン語を使う機会は増えていくことでしょう。「スペイン語をやっていてよかった！」と思えるシーンに必ず遭遇するはずです。これからも頑張ってください！ ¡Ánimo!

Práctica 18

◆ 暗記すべきフレーズ ♪69

太字部分を、下の「語彙・表現」と入れかえて、言ってみましょう。

> ☐ No olvides tu **cartera**.
> ☐ Ten cuidado con **los coches**.

◆ 暗記すべき語彙・表現

身の回り品の語彙

bolso, pasaporte, tarjeta, reloj, teléfono inteligente, mochila, paraguas

「〜に気を付けて」で使う語句の一例

el fuego, los pasos, los perros, la lluvia

🔟 答えてみよう！

❶ No te olvides de llevar tus cosas. —

❷ Envíame mensaje. —

※このやりとりをとなりの人と練習してみよう。

🗨↔🔟 話してみよう！

「〜しなさい、〜しないで下さい」という命令形の表現をいくつか作ってみましょう。
Haz unas frases en imperativo.

Gramática 18

🎵 **70** **1 命令表現** Expresión de imperativo

1-1) 肯定命令「〜しなさい、してください」（規則活用）

túに対する命令は直説法現在の規則活用3人称単数と同形。vosotrosは不定詞のrを取ってd に変える。nosotros, usted, ustedesに対する命令はそれぞれ接続法現在と同形。

	tú	nosotros	vosotros	usted	ustedes
hablar(-ar)	habla	hablemos	hablad	hable	hablen
comer(-er)	come	comamos	comed	coma	coman
escribir(-ir)	escribe	escribamos	escribid	escriba	escriban

Habla más despacio. / Comed bien. / Escriba su firma aquí.

★túの肯定命令のみが不規則活用になる動詞

ten(tener), ven(venir), ve(ir), di(decir), pon(poner), sal(salir), haz(hacer), sé(ser) などがある。

Ven aquí. / Ten cuidado. / Pon la tele. / Sé buen chico. / Dime. / Hazlo.

★目的格人称代名詞（8課）を伴う場合は命令形の後ろに付ける。アクセント符号が必要な場合もあり。 Cómpraselo. / Dámelo.

★再帰動詞（9課）の肯定命令は再帰代名詞を命令表現の後ろに付ける。アクセント符号が必要な場合もあり。

Levántese. (levantarse) / Lávate las manos. (lavarse)

次の動詞のtú, nosotros, vosotros, usted, ustedesに対する命令をそれぞれ書きなさい。
① estudiar ② leer ③ pedir

1-2) 否定命令「〜しないでください」

	tú	nosotros	vosotros	usted	ustedes
hablar(-ar)	no hables	no hablemos	no habléis	no hable	no hablen
comer(-er)	no comas	no comamos	no comáis	no coma	no coman
escribir(-ir)	no escribas	no escribamos	no escribáis	no escriba	no escriban

★否定命令はno＋接続法現在という形で表現する。

Ahora no hables nada. / No lleguen tarde. (llegar) / No veas la tele. (ver)

★再帰代名詞は否定の活用に付けて一語にはできない。No te preocupes. (preocuparse)

次のスペイン語の命令文を日本語にしなさい。
① Hoy no salgas de casa. ② Vuelva pronto. ③ Mirad aquí. (mirar)

1. 次の [   ] の動詞を指定通りの命令表現にしなさい。

① [Escribir (tú)   ] tu firma aquí.

② [Conocer (usted)   ] nuestro país.

③ [Venir (vosotros)   ] a la universidad.

④ No [acostarse (tú)   ] muy tarde.

⑤ No [preocuparse (usted)   ].

⑥ [Hacer [tú]   ] la tarea.

⑦ [Poner (tú)   ] las maletas aquí.

⑧ No [decir (ustedes)   ] mentiras.

⑨ [Salir (tú)   ] ahora mismo.

⑩ No [dormir (vosotros)   ] en la clase.

2. スペイン語にしなさい。

① （usted に対して）しっかり食べてください。

② （tú に対して）授業に遅刻しないで。

③ （vosotros に対して）先生の助言 (el consejo del profesor) を聞きなさい。

④ （tú に対して）嘘 (la mentira) を言わないで。

⑤ （ustedes に対して）こちらに来てください。

写真で見るスペイン

España

①カサ・ミラ（バルセロナ）

②トレドの街並み

③パエリア

④サグラダ・ファミリア

⑤サンティアゴ・デ・コンポステラの大聖堂

⑥中央広場（マドリード）

⑦ホットチョコレートと
チュロス

⑨サンティアゴ・ベルナベウ
（レアル・マドリードの本拠地）

⑩アルハンブラ宮殿

⑧フィデウア（米の代わりにパスタ
を使ったパエリアに似た料理）

写真提供：
②③④⑤⑨⑩：ⓒスペイン政府観光局
①⑥⑦⑧：　ⓒ西野紗和子

写真で見るラテンアメリカ

Latinoamérica

①メキシコシティの街並み

②テオティワカン遺跡

③メキシコ、プエブラの中央広場

④カリブ海に面するトゥルム遺跡

⑤キューバ、ハバナの革命広場

⑥コスタリカ、アレナル火山

⑦コロンビア、ココラ渓谷

⑧コロンビア、ボゴタの街並み

⑨ボリビア、ウユニ塩湖

⑩ペルー、マチュピチュ遺跡

⑪チリ、イースター島のモアイ像

⑫チリ、南部パタゴニア地方の氷河

⑬ブエノスアイレス、カミニート地区

⑭ブエノスアイレス、タンゴショー

写真提供：
①②③④：ⓒ吉野達也
⑤　　　：ⓒDanae Cortés
⑥　　　：ⓒ菱川智恵
⑦　　　：ⓒProcolombia
⑧　　　：ⓒJulian Santacruz
⑨⑩　　：ⓒ服部涼明・村岡拓弥
⑪⑫　　：ⓒチリ大使館
⑬⑭　　：ⓒ多賀谷真吾

Lección 1

1. 次の語の強く読む音節を四角で囲みなさい。

① llu · via   ② ciu · dad   ③ cha · que · ta

④ gar · gan · ta   ⑤ pue · rta   ⑥ tu · ris · ta

71 2. 次に読まれるスペイン語を書き取りなさい。
Escucha las frases, y escríbelas.

① _____

② _____

③ _____

Lección 2

1. 次の名詞に定冠詞、不定冠詞を付けなさい。

	【定冠詞】	【不定冠詞】
① mesa	_____	_____
② televisión	_____	_____
③ día	_____	_____

2. 次の日本語表現をスペイン語にしなさい。

① 数枚の紙 (papeles) _____

② その子供 (niño) _____

③ 10匹の魚 _____

72 3. 次に読まれる11ケタの電話番号を聞き、書き取りなさい。
Escucha y escribe el número de teléfono de cada persona.

① Ryota _____

② Misaki _____

③ Hugo _____

1. [ ] に適切な ser の活用を入れなさい。また全文を和訳しなさい。

   ① ¿De dónde [　　　　　　　] usted?

   ② Él [　　　　　　　] profesor.

   ③ Las chicas [　　　　　　　] muy alegres.

2. 形容詞を名詞に合わせて適切な語尾に変化させなさい。

   ① los diccionarios [grande]

   ② los hombres [español]

   ③ una camisa [negro]

3. 次に読まれるスペイン語の質問を聞き、自身の答えを書きなさい。　♪73
   Escucha las frases y escribe tu respuesta propia.

   ① _____

   ② _____

Lección 4

1. [ ] に適切な estar の活用を入れなさい。また全文を和訳しなさい。

   ① Ella [　　　　　　　] triste.

   ② Nosotras [　　　　　　　] alegres.

   ③ ¿Vosotros [　　　　　　　] en clase?

2. 次の [ ] に ser, estar の活用か hay を入れて全文を和訳しなさい。

   ① Los libros [　　　　　　　] de Luisa.

   ② [　　　　　　　] unos perros en casa.

   ③ Yo ahora [　　　　　　　] nerviosa.

3. 右の図を見ながら以下の質問に答えなさい。
   Ve el dibujo de la derecha y responde en las preguntas.

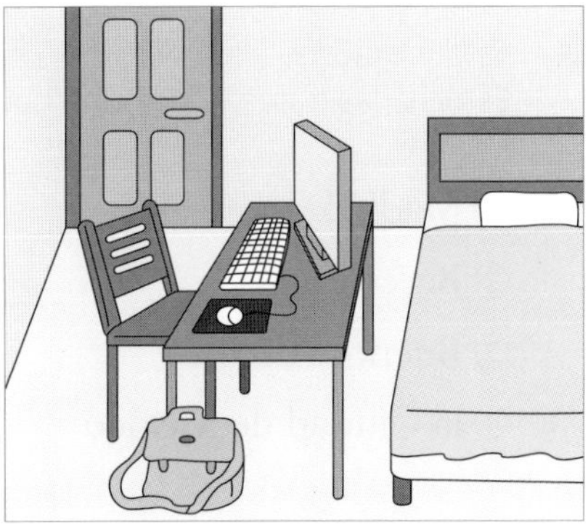

   ① ¿Dónde está la cama?

   _____

   ② ¿Qué hay en la mesa?

   _____

   ③ ¿Dónde está el bolso?

   _____

補充問題

1. 次の動詞を適切な直説法現在形にしなさい。また全文を和訳しなさい。

① Nosotros [escribir   ] un e-mail.

② Yo [viajar   ] por Italia.

③ ¿Usted [abrir   ] la puerta?

④ Ellos [vender   ] frutas en el mercado.

⑤ ¿Tú [beber   ] cerveza?

⑥ ¿Vosotros [subir   ] por la escalera?

74 2. 次のスペイン語での会話のやりとりを聞いて、リョウタとサンティアゴの答えを埋めなさい。
Escucha la conversación y escribe la respuesta de cada persona.

	Ryota	Santiago
① ¿Qué estudia?		
② ¿Dónde vive?		
③ ¿Dónde come siempre?		

Lección **6**

1. 次の動詞を適切な直説法現在形にしなさい。また全文を和訳しなさい。

① ¿Tú [hacer   ] desayuno todas las mañanas?

② Yo [agradecer   ] mucho.

③ ¿Vosotros [dar   ] un regalo al profesor?

2. 次の下線部に指示通りの所有形容詞を入れなさい。

	【前置形】			【後置形】
① （彼らの）		casa	una casa	
② （私の）		niño	un niño	
③ （君の）		móvil	un móvil	

75 3. 各地の天気や気候がスペイン語で読まれます。説明に合うものを右の選択肢から選びなさい。
Escucha las frases y elige una opción de tiempo o clima desde la derecha del recuadro la opción correcta.

① Madrid   _____

② Barcelona   _____

③ Buenos Aires   _____

④ la Ciudad de México   _____

| A 晴れ | B 寒い | C 暑い |
| D 雪 | E 雨 | F 風 |

Lección 7

1. 次の動詞を適切な直説法現在形にしなさい。また全文を和訳しなさい。

① ¿Yo [poder   ] tomar fotos?

② Ellos [pedir   ]cerveza y vino.

③ Mis padres [dormir   ] siete horas.

2. 次の時刻をスペイン語で表しなさい。

① 12:40 _____

② 3:05 _____

③ 9:10 p.m. _____

3. 質問が読まれますので、それに合う応答文を選びなさい。 🎵 **76**
Escucha la pregunta y elige la respuesta correcta.

① a) Sí, puedes estudiar.   b) Estudiamos español.

② a) Tengo que estudiar inglés.   b) Tienes que estudiar inglés.

③ a) Vamos a visitar a mis padres.   b) Van a visitar a sus padres.

Lección 8

1. 下線部の単語を目的格に置き換えて全文を書き換えなさい。

① ¿Ellos dan ese libro a Santiago? _____

② Santiago me dice la verdad. _____

2. 下線部には間接目的格を、[   ] の動詞は主語に合わせて活用させなさい。

① _____ [doler   ] la cabeza.

　私は頭が痛いです。

② A él _____ [interesar   ] la historia de España.

　彼はスペインの歴史に興味がある。

3. 読まれるスペイン語の質問に対して、自身の答えを書きなさい。 🎵 **77**
Escucha las frases y escribe tu respuesta propia.

① _____

② _____

1. 次の動詞を適切な直説法現在形にしなさい。また全文を和訳しなさい。

① Yo [ponerse   ] las gafas.

② Ellas [bañarse   ] antes de dormir.

③ ¿Por qué tú no [quitarse   ] la corbata?

2. 次の日本語をスペイン語にしなさい。

① 私は普段7時に起きます。

② 君は寝る前にシャワーを浴びますか？

③ リョウタは12時に床に入ります。

78 3. 話し手が身につけたり、脱いだりするものを右の図から選びなさい。
Escucha las frases y elige una opción del recuadro entre las cosas que uno se pone o se quita.

① _____

② _____

③ _____

④ _____

A メガネ   B 靴   C シャツ   D 帽子

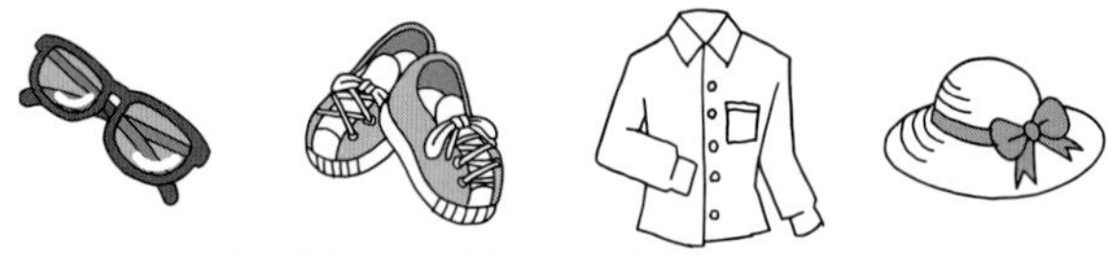

Lección 10

1. estarの活用と[ ]の動詞を使って現在進行形の表現を作りなさい。また全文を和訳しなさい。

① Mis hermanos [estudiar   ] en casa.

② ¿Tú [leer   ] *El Quijote*?

③ Sus hijos [dormir   ] bien.

2. haberの活用と[ ]の動詞を使って現在完了形の表現を作りなさい。また全文を和訳しなさい。

① Yo [viajar   ] a la Ciudad de México.

② Ellos ya [abrir   ] su tienda.

③ Luisa [escribir   ] un e-mail a sus padres.

79 3. 次の会話を聞いて、以下の質問にスペイン語で答えなさい。
Escucha la conversación y responde en español a las siguientes preguntas.

① ¿Luisa ha ido a España? _____.

② ¿Ryota ha estado en México? _____.

Lección 11

1. 次の [　] に適切な語彙を入れて比較級の文章を完成させなさい。

① Ella es [　　　　　　　　　] alegre [　　　　　　　　　] Misaki.

　　彼女はミサキと同じくらい陽気な人だ。

② España es [　　　　　　　] grande [　　　　　　　　] Argentina.

　　スペインはアルゼンチンほど大きくない。

2. 次のスペイン語を日本語にしなさい。

① Esta paella es tan deliciosa como aquella.

② Ella es la mejor jugadora del equipo.

3. 次の文章を聞いて、以下の質問にスペイン語で答えなさい。 🎵 **80**
Escucha la conversación y responde en español a las siguientes preguntas.

① ¿Cuál es mayor, la madre de Luisa o la de Misaki? ＿＿＿＿＿＿＿＿＿＿＿

② ¿Cuál es menor, el padre de Luisa o el de Misaki? ＿＿＿＿＿＿＿＿＿＿＿

Lección 12

1. 次の動詞を適切な直説法点過去にしなさい。また全文を和訳しなさい。

① Anoche nosotros no [dormir　　　　　　　　　　　] muy bien.

② ¿Ella [leer　　　　　　　] ese libro ayer?

③ Ryota [pedir　　　　　　　] una paella.

④ ¿Dónde [comer　　　　　　　] vosotros?

⑤ Ayer yo [buscar　　　　　　　] la llave en el salón.

⑥ Ya yo [pagar　　　　　　] la cuenta.

2. 質問が読まれますので、それに合う応答文を選びなさい。 🎵 **81**
Escucha la pregunta y elige la respuesta correcta.

① a) Comí en casa.　　　　　b) Comí con Misaki.

② a) Pedí una cerveza.　　　b) Pedí un bocadillo.

③ a) Anoche hablé del viaje.　b) Anoche hablé con Jorge.

補充問題

1. 次の動詞を適切な直説法点過去にしなさい。また全文を和訳しなさい。

① Anteayer ellos [ir   ] a México.

② ¿Qué [hacer   ] ustedes ayer?

③ ¿Dónde [estar   ] tú anoche?

④ La semana pasada mis abuelos [venir   ] a casa.

⑤ Anoche yo no [poder   ] llegar a la fiesta a tiempo.

⑥ El mes pasado nosotros [tener   ] que trabajar mucho.

82 2. 次の会話を聞いて、以下の質問にスペイン語で答えなさい。
Escucha la conversación y responde en español a las siguientes preguntas.

① ¿Qué hizo Santiago ayer?   _____

② ¿Qué hizo Ryota ayer?   _____

Lección 14

1. 次の動詞を適切な線過去にしなさい。また全文を和訳しなさい。

① Antes nosotros [viajar   ] mucho.

② Mis amigos [jugar   ] al fútbol cuando
   [ser   ] estudiante del colegio.

③ Siempre mi abuelo [ser   ] muy amable conmigo.

④ Antes yo [comer   ] en este restaurante.

83 2. 次の会話を聞いて、以下の質問にスペイン語で答えなさい。
Escucha la conversación y responde en español a las siguientes preguntas.

① ¿Qué hacía Misaki cuando era niña?   _____

② ¿Qué hacía Luisa cuando era niña?   _____

Lección 15

1. 次の動詞を適切な未来形にしなさい。また全文を和訳しなさい。

① Mañana yo [visitar　　　　　　　　　] a mi abuela.

② ¿Dónde [estar　　　　　　　] ellos ahora?

③ El calentamiento global [ser　　　　　　　] el problema más grave en
el futuro.　※calentamiento global: 地球温暖化　※grave: 重大な

2. queを用いて一つの文章にしなさい。

① ¿Qué te parece ese restaurante?　Ese restaurante está en el centro de la ciudad.

② Ayer vi a tu amigo.　　　　　Tu amigo es el novio de Ana.

3. 次の会話を聞いて、以下の質問にスペイン語で答えなさい。　♪84
Escucha la conversación y responde en español a las siguientes preguntas.

① ¿Qué hará Santiago el próximo año?　_____

② ¿Qué hará Ryota el próximo año?　_____

Lección 16

1. 次の [　] の動詞を適切な接続法現在に変化させなさい。また全文を和訳しなさい。

① Deseo que tú lo [pasar　　　　　　　　　] bien en la fiesta.

② Esperamos que te [gustar　　　　　　　] la comida.

③ ¡Ojalá [visitar / tú　　　　　　　] el Museo del Prado!

2. 次のスペイン語を日本語にしなさい。

① Les recomendamos que vuelvan pronto esta noche.

② Es mejor que lleves un paraguas.

3. 次の会話を聞いて、以下の質問にスペイン語で答えなさい。　♪85
Escucha la conversación y responde en español a las siguientes preguntas.

① ¿Qué quiere Misaki?　_____

② ¿Qué recomienda Luisa a Misaki?　_____

1. 次の動詞を適切な接続法現在に変化させなさい。また全文を和訳しなさい。

① Que [tener / usto   ] feliz viaje.

② Quiero que tú [tocar   ] una canción con la guitarra.

③ Me alegro de que tus abuelos [estar   ] muy bien.

2. 次のスペイン語を日本語にしなさい。

① Tal vez ellos no puedan llegar a tiempo.

② Espero que duermas bien.

③ Es necesario que hagas las tareas ahora mismo.

♪86 3. 次の会話を聞いて、以下の [   ] にスペイン語を記入しなさい。
Escucha la conversación y escribe las palabras en los paréntesis.

Misaki: [   ] que [   ] temprano a la playa.

Luisa: Sí, es [   ] que [   ] temprano allá para
que lo pasemos bien en la playa.

Lección 18

1. 次の動詞を指定通りの命令形にしなさい。

① [Lavarse [ustedes]   ] las manos antes de comer.

② No [hablar [vosotros]   ] en la clase.

③ [Salir [tú]   ] temprano mañana.

♪87 2. 次の会話を聞いて、以下の [   ] にスペイン語を記入しなさい。
Escucha la conversación y escribe las palabras en los paréntesis.

Luisa: [   ], Misaki, no [   ] ninguna cosa.

Misaki: No [   ] [   ]. [   ], aquí tengo
todas mis cosas.

Luisa: Muy bien. [   ]. Hasta pronto.

文法補足

動詞一覧表

No.	動詞	意味	活用表No.
1	abrir	開く	3
2	agradecer	感謝する	4
3	aprender	学ぶ	2
4	aprobar	合格する	5
5	asar	焼く	1
6	asistir	出席する	3
7	avisar	知らせる	1
8	ayudar	助ける	1
9	bailar	踊る	1
10	beber	飲む	2
11	brindar	乾杯する	1
12	buscar	探す	6
13	caminar	歩く	1
14	cantar	歌う	1
15	cenar	夕食をとる	1
16	cerrar	閉める、閉じる	7
17	cocinar	料理する	1
18	comer	食べる	2
19	comprar	買う	1
20	comprender	理解する	2
21	conocer	知っている	4
22	construir	建設する	8
23	correr	走る	2
24	creer	信じる	9
25	cumplir	果たす	3
26	dar	与える	10
27	deber	～すべきである	2
28	decir	言う	11
29	desayunar	朝食をとる	1
30	descansar	休む	1
31	desear	望む	1
32	doler	～が痛い	12
33	dormir	眠る	13
34	elegir	選ぶ	14
35	empezar	始める	15
36	encantar	大好きである	1
37	enseñar	教える	1
38	entender	理解する	16
39	entregar	渡す	17
40	enviar	送る	18
41	escribir	書く	3
42	escuchar	聞く	1
43	esperar	待つ	1
44	estar	～である、いる、ある	19
45	estudiar	勉強する	1

No.	動詞	意味	活用表No.
46	explicar	説明する	6
47	fumar	たばこを吸う	1
48	ganar	勝つ	1
49	gustar	好きである	1
50	haber(hay)	～がある、いる	20
51	hablar	話す	1
52	hacer	する、作る	21
53	interesar	関心がある	1
54	invitar	招待する	1
55	ir	行く	22
56	jugar	遊ぶ、プレーする	23
57	leer	読む	9
58	llamar	呼ぶ、電話する	1
59	llegar	着く	17
60	llevar	持っていく	1
61	llover	雨が降る	24
62	llorar	泣く	1
63	mandar	命令する	1
64	meter	入れる	2
65	mirar	見る	1
66	nevar	雪が降る	25
67	ocurrir	起きる	3
68	oír	聞く、聞こえる	26
69	olvidar	忘れる	1
70	pagar	支払う	17
71	parecer	～のように思われる	4
72	pasar	過ごす	1
73	pasear	散歩する	1
74	pedir	頼む、注文する	27
75	pensar	思う	28
76	permitir	許可する	3
77	poder	～できる	29
78	poner	置く	30
79	preparar	準備する	1
80	probar	試す	5
81	prohibir	禁止する	31
82	proponer	提案する	30
83	quedar	残る、ある	1
84	querer	欲する、～したい	32
85	recibir	受け取る	3
86	recomendar	勧める	28
87	regresar	帰る	1
88	repetir	繰り返す	27
89	respetar	尊敬する	1
90	rogar	懇願する	33

No.	動詞	意味	活用表No.
91	saber	知っている	34
92	sacar	取り出す	6
93	salir	出発する	35
94	sentir	感じる	36
95	ser	～である	37
96	servir	仕える	27
97	subir	上る、登る	3
98	tardar	時間がかかる	1
99	tener	持つ	38
100	terminar	終える	1
101	tocar	触る、弾く	6
102	tomar	飲む、乗る	1
103	trabajar	働く	1
104	traer	持ってくる	39
105	usar	使う	1
106	vender	売る	2
107	venir	来る	40
108	ver	見る、会う	41
109	viajar	旅行する	1
110	visitar	訪れる	1
111	vivir	住む、生きる	3
112	volver	戻る、帰る	42

No.	再帰動詞	意味	活用表No.
113	acostarse	寝る、床に入る	5
114	alegrarse	うれしく思う	1
115	ayudarse	助け合う	1
116	bañarse	入浴する	1
117	casarse	結婚する	1
118	ducharse	シャワーを浴びる	1
119	lavarse	自分の体を洗う	1
120	levantarse	起きる	1
121	llamarse	～という名前である	1
122	ponerse	着る	30
123	preocuparse	心配する	1
124	quitarse	脱ぐ	1
125	sentarse	座る	28
126	vestirse	服を着る	27

活用表 No.1 は規則変化 -ar 型
活用表 No.2 は規則変化 -er 型
活用表 No.3 は規則変化 -ir 型

文法補足

形容詞

No.	形容詞	意味	No.	形容詞	意味	No.	形容詞	意味
1	abierto	開いている	25	encantado	はじめまして	49	necesario	必要な
2	afortunado	幸運な	26	español	スペインの	50	negro	黒い
3	alegre	うれしい、陽気な	27	estudioso	勉強好きな	51	nervioso	緊張している
4	alemán	ドイツの	28	fácil	簡単な	52	ninguno	一つの〜もない
5	alguno	何らかの	29	feliz	幸せな	53	pasado	過ぎ去った
6	alto	(背が) 高い	30	francés	フランスの	54	peor	さらに悪い
7	amable	優しい	31	grande	大きい	55	pequeño	小さい
8	amarillo	黄色い	32	hermoso	美しい	56	poco	(ほんの)少しの
9	antiguo	古い	33	inglés	イギリスの	57	popular	人気のある
10	asado	焼いた	34	interesante	興味深い	58	portugués	ポルトガルの
11	barato	安い	35	inteligente	賢い	59	posible	可能な
12	bienvenido	ようこそ	36	japonés	日本の	60	próximo	次の
13	blanco	白い	37	lento	遅い	61	rápido	速い
14	bonito	きれいな、かわいらしい	38	libre	自由な	62	recomendable	勧めることのできる
15	bueno	良い	39	listo	用意ができた	63	rico	美味しい
16	cansado	疲れた	40	malo	悪い	64	rojo	赤い
17	caro	(値段が) 高い	41	más	より多い	65	serio	真面目な
18	cerrado	閉まっている	42	mayor	年上の	66	solo	1人で
19	cierto	確かな	43	mejor	さらに良い	67	tanto	それほど多くの
20	contento	満足した	44	menor	年下の	68	típico	典型的な
21	delicioso	美味しい	45	menos	より少ない	69	todo	全ての
22	difícil	難しい	46	mexicano	メキシコの	70	triste	悲しい
23	emocionado	感動した	47	moderno	現代的な	71	vario	いくつかの
24	emocionante	感動的な	48	mucho	たくさんの	72	verde	緑の

副詞 (句)

No.	副詞 (句)	意味	No.	副詞 (句)	意味
1	aquí	ここに	19	todo el día	1日中
2	ahí	そこに	20	por primera vez	初めて
3	allí (allá)	あそこに	21	alguna vez	これまでに
4	ahora	今	22	una vez al día	1日に1回
5	hoy	今日	23	una vez a la semana	1週間に1回
6	esta semana	今週	24	una vez al mes	1か月に1回
7	este mes	今月	25	una vez al año	1年に1回
8	este año	今年	26	siempre	いつも
9	ayer	昨日	27	muchas veces	何回も
10	anoche	昨晩	28	a veces	時々
11	la semana pasada	先週	29	nunca	決して〜ない
12	el mes pasado	先月	30	temprano	早く
13	mañana	明日	31	pronto	すぐに
14	la próxima semana	来週	32	enseguida	すぐに
15	la semana pasada	先週	33	ahora mismo	今すぐ
16	el próximo mes	来月	34	por la mañana	朝に (午前に)
17	el próximo año	来年	35	por la tarde	昼に (午後に)
18	todos los días	毎日	36	por la noche	夜に

【国籍】形容詞と同じように性数変化の発生するものが多い。複数形の語尾は p.20 を参照。

国籍	男性単数　（〜語※）	女性単数
スペイン人	español　　　※	española
日本人	japonés　　　※	japonesa
メキシコ人	mexicano	mexicana
コロンビア人	colombiano	colombiana
ペルー人	peruano	peruana
アルゼンチン人	argentino	argentina
チリ人	chileno	chilena
ブラジル人	brasileño	brasileña
アメリカ人	estadounidense ★	estadounidense ★
イギリス人	inglés　　　※	inglesa
ドイツ人	alemán　　　※	alemana
フランス人	francés　　　※	francesa
ポルトガル人	portugués　　　※	portuguesa
イタリア人	italiano　　　※	italiana

★ estadounidense は男女同形。

【数詞 0-30】

0	cero				
1	uno	11	once	21	veintiuno
2	dos	12	doce	22	veintidós
3	tres	13	trece	23	veintitrés
4	cuatro	14	catorce	24	veinticuatro
5	cinco	15	quince	25	veinticinco
6	seis	16	dieciséis	26	veintiséis
7	siete	17	diecisiete	27	veintisiete
8	ocho	18	dieciocho	28	veintiocho
9	nueve	19	diecinueve	29	veintinueve
10	diez	20	veinte	30	treinta

【数詞 31-1 000 000】

31	treinta y uno	101	ciento uno	1 000	mil
36	treinta y seis	110	ciento diez	1 001	mil uno
39	treinta y nueve	200	doscientos	2 000	dos mil
40	cuarenta	300	trescientos	10 000	diez mil
50	cincuenta	400	cuatrocientos	11 000	once mil
60	sesenta	500	quinientos	20 000	veinte mil
70	setenta	600	seiscientos	100 000	cien mil
80	ochenta	700	setecientos	200 000	doscientos mil
90	noventa	800	ochocientos	300 000	trescientos mil
100	cien (ciento)	900	novecientos	1 000 000	un millón

文法補定

動詞活用表　　　　　　　　　　　　　　　　　※ 4. agradecer からアルファベット順となる

CEFR	A1	A2	A2	A2 / B1	B1
不定詞 現在分詞 過去分詞	直説法 現在	直説法 点過去	直説法 線過去	直説法 未来	接続法 現在
1 規則変化 -ar 型 **hablar** 話す hablando hablado	hablo hablas habla hablamos habláis hablan	hablé hablaste habló hablamos hablasteis hablaron	hablaba hablabas hablaba hablábamos hablabais hablaban	hablaré hablarás hablará hablaremos hablaréis hablarán	hable hables hable hablemos habléis hablen
2 規則変化 -er 型 **comer** 食べる comiendo comido	como comes come comemos coméis comen	comí comiste comió comimos comisteis comieron	comía comías comía comíamos comíais comían	comeré comerás comerá comeremos comeréis comerán	coma comas coma comamos comáis coman
3 規則変化 -ir 型 **vivir** 住む viviendo vivido	vivo vives vive vivimos vivís viven	viví viviste vivió vivimos vivisteis vivieron	vivía vivías vivía vivíamos vivíais vivían	viviré vivirás vivirá viviremos viviréis vivirán	viva vivas viva vivamos viváis vivan
4 **agradecer** 感謝する agradeciendo agradecido	agradezco agradeces agradece agradecemos agradecéis agradecen	agradecí agradeciste agradeció agradecimos agradecisteis agradecieron	agradecía agradecías agradecía agradecíamos agradecíais agradecían	agradeceré agradecerás agradecerá agradeceremos agradeceréis agradecerán	agradezca agradezcas agradezca agradezcamos agradezcáis agradezcan
5 **aprobar** 合格する aprobando aprobado	apruebo apruebas aprueba aprobamos aprobáis aprueban	aprobé aprobaste aprobó aprobamos aprobasteis aprobaron	aprobaba aprobabas aprobaba aprobábamos aprobabais aprobaban	aprobaré aprobarás aprobará aprobaremos aprobaréis aprobarán	apruebe apruebes apruebe aprobemos aprobéis aprueben
6 **buscar** 探す buscando buscado	busco buscas busca buscamos buscáis buscan	busqué buscaste buscó buscamos buscasteis buscaron	buscaba buscabas buscaba buscábamos buscabais buscaban	buscaré buscarás buscará buscaremos buscaréis buscarán	busque busques busque busquemos busquéis busquen

進行形は「**estar** の活用＋現在分詞」で作る。　完了形は「**haber** の活用＋過去分詞」で作る。

CEFR	A1	A2	A2	A2/B1	B1
不定詞 現在分詞 過去分詞	直説法 現在	直説法 点過去	直説法 線過去	直説法 未来	接続法 現在
7 **cerrar** 閉める cerrando cerrado	cierro cierras cierra cerramos cerráis cierran	cerré cerraste cerró cerramos cerrasteis cerraron	cerraba cerrabas cerraba cerrábamos cerrabais cerraban	cerraré cerrarás cerrará cerraremos cerraréis cerrarán	cierre cierres cierre cerremos cerréis cierren
8 **construir** 建設する construyendo construido	construyo construyes construye construimos construís construyen	construí construiste construyó construimos construisteis construyeron	construía construías construía construíamos construíais construían	construiré construirás construirá construiremos construiréis construirán	construya construyas construya construyamos construyáis construyan
9 **creer** 信じる creyendo creído	creo crees cree creemos creéis creen	creí creíste creyó creímos creísteis creyeron	creía creías creía creíamos creíais creían	creeré creerás creerá creeremos creeréis creerán	crea creas crea creamos creáis crean
10 **dar** 与える dando dado	doy das da damos dais dan	di diste dio dimos disteis dieron	daba dabas daba dábamos dabais daban	daré darás dará daremos daréis darán	dé des dé demos deis den
11 **decir** 言う diciendo dicho	digo dices dice decimos decís dicen	dije dijiste dijo dijimos dijisteis dijeron	decía decías decía decíamos decíais decían	diré dirás dirá diremos diréis dirán	diga digas diga digamos digáis digan
12 **doler** 〜が痛い doliendo dolido	duele duelen	dolió dolieron	dolía dolían	dolerá dolerán	duela duelan

CEFR	A1	A2	A2	A2/B1	B1
不定詞 現在分詞 過去分詞	直説法 現在	直説法 点過去	直説法 線過去	直説法 未来	接続法 現在
13 **dormir** 眠る du**r**m**iendo** dorm**ido**	duermo duermes duerme dormimos dormís duermen	dormí dormiste durmió dormimos dormisteis durmieron	dormía dormías dormía dormíamos dormíais dormían	dormiré dormirás dormirá dormiremos dormiréis dormirán	duerma duermas duerma durmamos durmáis duerman
14 **elegir** 選ぶ eligiendo elegido	elijo eliges elige elegimos elegís eligen	elegí elegiste eligió elegimos elegisteis eligieron	elegía elegías elegía elegíamos elegíais elegían	elegiré elegirás elegirá elegiremos elegiréis elegirán	elija elijas elija elijamos elijáis elijan
15 **empezar** 始める empezando empezado	empiezo empiezas empieza empezamos empezáis empiezan	empecé empezaste empezó empezamos empezasteis empezaron	empezaba empezabas empezaba empezábamos empezabais empezaban	empezaré empezarás empezará empezaremos empezaréis empezarán	empiece empieces empiece empecemos empecéis empiecen
16 **entender** 分かる、理解する entendiendo entendido	entiendo entiendes entiende entendemos entendéis entienden	entendí entendiste entendió entendimos entendisteis entendieron	entendía entendías entendía entendíamos entendíais entendían	entenderé entenderás entenderá entenderemos entenderéis entenderán	entienda entiendas entienda entendamos entendáis entiendan
17 **entregar** 渡す entregando entregado	entrego entregas entrega entregamos entregáis entregan	entregué entregaste entregó entregamos entregasteis entregaron	entregaba entregabas entregaba entregábamos entregabais entregaban	entregaré entregarás entregará entregaremos entregaréis entregarán	entregue entregues entregue entreguemos entreguéis entreguen
18 **enviar** 送る enviando enviado	envío envías envía enviamos enviáis envían	envié enviaste envió enviamos enviasteis enviaron	enviaba enviabas enviaba enviábamos enviabais enviaban	enviaré enviarás enviará enviaremos enviaréis enviarán	envíe envíes envíe enviemos enviéis envíen

進行形は「**estar** の活用＋現在分詞」で作る。 完了形は「**haber** の活用＋過去分詞」で作る。

CEFR	A1	A2	A2	A2/B1	B1
不定詞 現在分詞 過去分詞	直説法 現在	直説法 点過去	直説法 線過去	直説法 未来	接続法 現在
19 **estar** 〜である、いる、 ある estando estado	estoy estás está estamos estáis están	estuve estuviste estuvo estuvimos estuvisteis estuvieron	estaba estabas estaba estábamos estabais estaban	estaré estarás estará estaremos estaréis estarán	esté estés esté estemos estéis estén
20 **haber** 〜がある、いる habiendo habido	he has ha (hay) hemos habéis han	hube hubiste hubo hubimos hubisteis hubieron	había habías había habíamos habiais habían	habré habrás habrá habremos habréis habrán	haya hayas haya hayamos hayáis hayan
21 **hacer** する、作る haciendo hecho	hago haces hace hacemos hacéis hacen	hice hiciste hizo hicimos hicisteis hicieron	hacía hacías hacía hacíamos hacíais hacían	haré harás hará haremos haréis harán	haga hagas haga hagamos hagáis hagan
22 **ir** 行く yendo ido	voy vas va vamos vais van	fui fuiste fue fuimos fuisteis fueron	iba ibas iba íbamos ibais iban	iré irás irá iremos iréis irán	vaya vayas vaya vayamos vayáis vayan
23 **jugar** 遊ぶ、プレーする jugando jugado	juego juegas juega jugamos jugáis juegan	jugué jugaste jugó jugamos jugasteis jugaron	jugaba jugabas jugaba jugábamos jugabais jugaban	jugaré jugarás jugará jugaremos jugaréis jugarán	juegue juegues juegue juguemos juguéis jueguen
24 **llover** 雨が降る lloviendo llovido	llueve	llovió	llovía	lloverá	llueva

文法補足

99

CEFR	A1	A2	A2	A2/B1	B1
不定詞 現在分詞 過去分詞	直説法 現在	直説法 点過去	直説法 線過去	直説法 未来	接続法 現在
25 **nevar** 雪が降る nevando nevado	nieva	nevó	nevaba	nevará	nieve
26 **oír** 聞く、聞こえる oyendo oído	oigo oyes oye oímos oís oyen	oí oíste oyó oímos oísteis oyeron	oía oías oía oíamos oíais oían	oiré oirás oirá oiremos oiréis oirán	oiga oigas oiga oigamos oigáis oigan
27 **pedir** 頼む、注文する pidiendo pedido	pido pides pide pedimos pedís piden	pedí pediste pidió pedimos pedisteis pidieron	pedía pedías pedía pedíamos pedíais pedían	pediré pedirás pedirá pediremos pediréis pedirán	pida pidas pida pidamos pidáis pidan
28 **pensar** 思う pensando pensado	pienso piensas piensa pensamos pensáis piensan	pensé pensaste pensó pensamos pensasteis pensaron	pensaba pensabas pensaba pensábamos pensabais pensaban	pensaré pensarás pensará pensaremos pensaréis pensarán	piense pienses piense pensemos penséis piensen
29 **poder** 〜できる pudiendo podido	puedo puedes puede podemos podéis pueden	pude pudiste pudo pudimos pudisteis pudieron	podía podías podía podíamos podíais podían	podré podrás podrá podremos podréis podrán	pueda puedas pueda podamos podáis puedan
30 **poner** 置く poniendo puesto	pongo pones pone ponemos ponéis ponen	puse pusiste puso pusimos pusisteis pusieron	ponía ponías ponía poníamos poníais ponían	pondré pondrás pondrá pondremos pondréis pondrán	ponga pongas ponga pongamos pongáis pongan

進行形は「**estar** の活用＋現在分詞」で作る。 完了形は「**haber** の活用＋過去分詞」で作る。

CEFR	A1	A2	A2	A2/B1	B1
不定詞 現在分詞 過去分詞	直説法 現在	直説法 点過去	直説法 線過去	直説法 未来	接続法 現在
31 **prohibir** 禁止する prohib**iendo** prohib**ido**	prohíb**o** prohíb**es** prohíb**e** prohib**imos** prohib**ís** prohíb**en**	prohib**í** prohib**iste** prohib**ió** prohib**imos** prohib**isteis** prohib**ieron**	prohib**ía** prohib**ías** prohib**ía** prohib**íamos** prohib**íais** prohib**ían**	prohibir**é** prohibir**ás** prohibir**á** prohibir**emos** prohibir**éis** prohibir**án**	prohíb**a** prohíb**as** prohíb**a** prohib**amos** prohib**áis** prohíb**an**
32 **querer** 欲する、〜したい quer**iendo** quer**ido**	qui**ero** qui**eres** qui**ere** quer**emos** quer**éis** qui**eren**	qui**se** qui**siste** qui**so** qui**simos** qui**sisteis** qui**sieron**	quer**ía** quer**ías** quer**ía** quer**íamos** quer**íais** quer**ían**	querr**é** querr**ás** querr**á** querr**emos** querr**éis** querr**án**	qui**era** qui**eras** qui**era** quer**amos** quer**áis** qui**eran**
33 **rogar** 懇願する rog**ando** rog**ado**	ru**ego** ru**egas** ru**ega** rog**amos** rog**áis** ru**egan**	rog**ué** rog**aste** rog**ó** rog**amos** rog**asteis** rog**aron**	rog**aba** rog**abas** rog**aba** rog**ábamos** rog**abais** rog**aban**	rogar**é** rogar**ás** rogar**á** rogar**emos** rogar**éis** rogar**án**	ru**egue** ru**egues** ru**egue** rog**uemos** rog**uéis** ru**egen**
34 **saber** 知っている sab**iendo** sab**ido**	sé sab**es** sab**e** sab**emos** sab**éis** sab**en**	su**pe** su**piste** su**po** su**pimos** su**pisteis** su**pieron**	sab**ía** sab**ías** sab**ía** sab**íamos** sab**íais** sab**ían**	sabr**é** sabr**ás** sabr**á** sabr**emos** sabr**éis** sabr**án**	se**pa** se**pas** se**pa** se**pamos** se**páis** sa**pan**
35 **salir** 出かける、 出発する sal**iendo** sal**ido**	salg**o** sal**es** sal**e** sal**imos** sal**ís** sal**en**	sal**í** sal**iste** sal**ió** sal**imos** sal**isteis** sal**ieron**	sal**ía** sal**ías** sal**ía** sal**íamos** sal**íais** sal**ían**	sal**dré** sal**drás** sal**drá** sal**dremos** sal**dréis** sal**drán**	salg**a** salg**as** salg**a** salg**amos** salg**áis** salg**an**
36 **sentir** 感じる s**intiendo** sent**ido**	si**ento** si**entes** si**ente** sent**imos** sent**ís** si**enten**	sent**í** sent**iste** s**intió** sent**imos** sent**isteis** s**intieron**	sent**ía** sent**ías** sent**ía** sent**íamos** sent**íais** sent**ían**	sentir**é** sentir**ás** sentir**á** sentir**emos** sentir**éis** sentir**án**	si**enta** si**entas** si**enta** s**intamos** s**intáis** si**entan**

CEFR	A1	A2	A2	A2/B1	B1
不定詞 現在分詞 過去分詞	直説法 現在	直説法 点過去	直説法 線過去	直説法 未来	接続法 現在
37 **ser** 〜である siendo sido	soy eres es somos sois son	fui fuiste fue fuimos fuisteis fueron	era eras era éramos erais eran	seré serás será seremos seréis serán	sea seas sea seamos seáis sean
38 **tener** 持つ teniendo tenido	tengo tienes tiene tenemos tenéis tienen	tuve tuviste tuvo tuvimos tuvisteis tuvieron	tenía tenías tenía teníamos teníais tenían	tendré tendrás tendrá tendremos tendréis tendrán	tenga tengas tenga tengamos tengáis tengan
39 **traer** 持ってくる trayendo traído	traigo traes trae traemos traéis traen	traje trajiste trajo trajimos trajisteis trajeron	traía traías traía traíamos traíais traían	traeré traerás traerá traeremos traeréis traerán	traiga traigas traiga traigamos traigáis traigan
40 **venir** 来る viniendo venido	vengo vienes viene venimos venís vienen	vine viniste vino vinimos vinisteis vinieron	venía venías venía veníamos veníais venían	vendré vendrás vendrá vendremos vendréis vendrán	venga vengas venga vengamos vengáis vengan
41 **ver** 見る、会う viendo visto	veo ves ve vemos veis ven	vi viste vio vimos visteis vieron	veía veías veía veíamos veíais veían	veré verás verá veremos veréis verán	vea veas vea veamos veáis vean
42 **volver** 戻る、帰る volviendo vuelto	vuelvo vuelves vuelve volvemos volvéis vuelven	volví volviste volvió volvimos volvisteis volvieron	volvía volvías volvía volvíamos volvíais volvían	volveré volverás volverá volveremos volveréis volverán	vuelva vuelvas vuelva volvamos volváis vuelvan

進行形は「**estar** の活用＋現在分詞」で作る。　完了形は「**haber** の活用＋過去分詞」で作る。

今日からわたしは、スペイン語
改訂版

検印省略	©2020 年 1 月 30 日　初 版 発 行
	2023 年 3 月 15 日　第 2 刷 発 行
	2024 年 1 月 30 日　改訂初版発行

著　者　　　　　　安　藤　真次郎

安　田　圭　史

吉　野　達　也

発行者　　　　　　小　川　洋一郎

発行所　　　　株式会社朝日出版社

〒101-0065 東京都千代田区西神田 3-3-5
TEL (03) 3239-0271·72 (直通)
振替口座　東京 00140-2-46008
http://www.asahipress.com/
メディアアート / 図書印刷